企业家策划课

徐大伟◎著

企业管理出版社
ENTERPRISE MANAGEMENT PUBLISHING HOUSE

图书在版编目（CIP）数据

企业家策划课／徐大伟著. —北京：企业管理出版社，2012.9

ISBN 978－7－5164－0156－9

Ⅰ.①企…　Ⅱ.①徐…　Ⅲ.①企业管理—经营决策　Ⅳ.①F272.3

中国版本图书馆 CIP 数据核字（2012）第 216824 号

书　　名：企业家策划课

作　　者：徐大伟

责任编辑：涂　依

书　　号：ISBN 978－7－5164－0156－9

出版发行：企业管理出版社

地　　址：北京市海淀区紫竹院南路 17 号　　邮编：100048

网　　址：http：//www. emph. cn

电　　话：总编室（010）68701719　发行部（010）68701816　编辑部（010）68414643

电子信箱：80147@ sina. com　zbs@ emph. cn

印　　刷：香河闻泰印刷包装有限公司

经　　销：新华书店

规　　格：170 毫米×240 毫米　　16 开本　16.5 印张　255 千字

版　　次：2012 年 11 月第 1 版　　2012 年 11 月第 1 次印刷

定　　价：38.00 元

前 言

什么是策划?

策划是你的思维。

策划首先是策，是计谋、办法，也就是你大脑中蹦出的新点子；策划也是划，是计划，是流程，策划一定要有全盘的规划。

这个假日里去哪里？去罗马。通往罗马的道路有万千条，但最近的道路永远只有一条，最适合你走的也只有一条，只有把这条道路找出来，你才能准确地到达目的地。然后呢？怎样才能在这条道路上顺利地、愉快地到达罗马？是先走路、做火车，再乘船，还是直接做飞机？哪种方式最合理，最接近你的预期目标？把这件事情做好，你就能更好地到达目的地。

在大脑中完成了你的罗马之旅，然后输出你的旅程胶片，便实现了你的策划。

策划是突破性创新，是颠覆。

企业策划亦如此。甲方公司寻求乙方外脑就是寻求新的突破。不破不立，先“破”再“立”，方能拨开云雾见太阳。徐大伟策划团队认为：这个世界上从来都不缺少“渐进性创新”，很多企业每天都在创新一点点，但这个世界最需要的应该是“突破性创新”。一个真正的策划家其实不应该只是一个美化者、改善者，更应该是一个开拓者、挑战者、梦想家、探索者。

这本《企业家策划课》内容新颖、独特，十足的感性形式与内容相得益彰。是一位师者激情澎湃在为你展示一堂堂精彩的策划课程：或犀利点评，或辛辣讽刺，或善意提醒，或耐心解答……致企业家、致策划界，微言大义，循循善诱。有对企业营销与品牌的思考，有对中国企业、公益策划路在何方的探索，更有对策划是人生、公益是生活的真知灼见，这些无不凝聚着作者的心血、心力。

这本书将为您开启一个不一样的策划世界，不一样的策划人生。

目录
contents

目录
contents

目录
contents

目录
contents

目录
contents

目录
contents

第一篇

策划、突破与创新

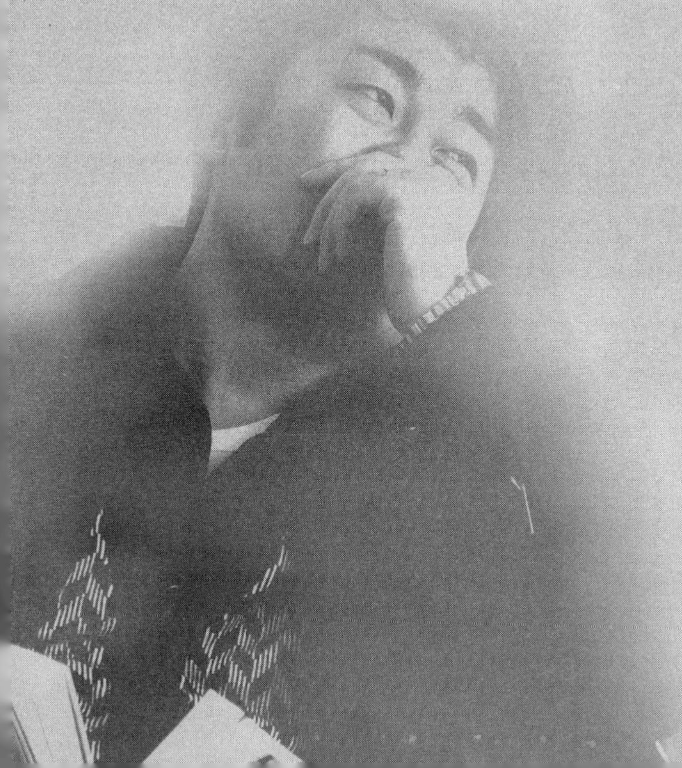

策划人怎样活着

每天总有这样一段胡思乱想的时光。

我是一个靠创造吃饭的人。

一天不创造就担心明天吃不上饭。

这个世界上有两份最累的事业，一份是做策划人，一份是做策划人的家属。

我妈常说：你这个工作太精密了，太累了，什么都是从脑子里出，靠脑子吃饭的人太辛苦了，别乱花钱，把钱攒下来，干到五十岁就别干了，全世界爱去哪去哪，到处走一走看一看，好好歇一歇。

我总是笑。

我妈哪里知道做策划是一个可以干到老的行业。

我准备干到说不出话的那一天。

回到家第一件事情就是打开电脑准备写一篇文章。

或者是打开书，准备把这本书看完了，因为每次看完一本精挑细选的好书后我都会发现自己又进步了一些，为了让这种“进步的实感”永远保持，所以我只能疯狂地一本接着一本地看，看书又是一个一辈子的事业，无休无止，直到眼睛看不见的那一天。

除了写文章、看书、思考、看电影、发呆、洗澡、吃饭，回到家我什么都不干，我没有时间干。

我妈常说：你下楼走一走，换换空气，活动一下，别老在家里闷着。

我总是“啊”的一声，算是回答，眼睛和身体从来都被我的心绑架，敢怒不敢言。

我媳妇经常说：别看傻了吧。

我总说：只能靠书了，还能靠什么，没事，看不傻，只能把别人看傻了。

心里经常觉得很虚，觉得我算一个什么东西。

特别是接触了一些年轻人的张扬和奢靡以后。

有一次刚从机场出来就看见两个人捧着一大束鲜花正在迎接一个看上去也就二十刚出头的女孩，接机的人给女孩提包拖行李，女孩抱着花笑着往前走，一会就走到一辆上百万的挂着军牌的高级越野车旁，司机赶紧给女孩开门，女孩和接机人员上车后，汽车扬尘而去，连闯红灯。

一下子被这样的女孩和这样的现实所打击。

不管她是谁家的孩子，不管是什么人的什么人，只是她的出现让你一下子认识到这个世界里还有无数个让你无奈的小世界。

你出人头地，只能靠自己，尤其是当你没有一个开着军牌豪车接机的亲戚朋友的时候。

做策划吧。

用策划改变命运吧。

改变产品的命运，改变企业的命运，改变城市的命运，改变年轻人的命运，改变一个酒店的命运，改变一个家庭的命运，改变一个国家的命运，改变一个洲的命运，改变一个群体的命运，改变自己的命运吧。

心里经常觉得自己有一个大大的空间可以飞翔，觉得有很多事情需要我去开拓和突破，我可以让这个世界变得不太一样，可以让我的人生传奇而有味道。

可以拥有一个只有徐大伟才能创造出的“伟大人生”。

我甚至还发明了一句话：创无国界，创无限制。

不要总是崇洋媚外地说什么外国人有创新能力，外国人有创意，其实，创新、创意、创造根本就没有国界，为什么我们中国人就不能比他们有创意？如果从几千年来整体看还是中国人更有创意、更有智慧。一些国家建立才几年，文化有多少，我们中国人当然可以比他们更有创意。

中国人创造能力差是因为中国人相信自己的创造能力差，所以中国人的创造能力就真的变差了。

而今，改变，从改变开始，从今天开始，你要相信你的创造能力根本就不比外国人差，你的创造能力比任何国家的人都强。

世界第一不是某些国家某些人的专利。

你当然不可以侵权，但可以拿过来创造性地利用。

我觉得真正的战争应该在策划上

从一个城市的秋天来到另一个城市的秋天。

没有一个城市属于我。

秋天却是公平的，算我一份。

一个人思考的日子，是收获最大的日子。

一个人安静的日子，是做事最踏实的日子。

从容、自然、简单、坚持，是做成一件事的必备条件。

这个条件任风云变幻时代变迁，从未改变。

我们的生命伟大而神秘，内部更有庞大的国家在运行。如果我们满足于赚钱养家糊口，那么我们就看不到生命本身。

匆匆忙忙的人群白天工作，晚上娱乐，中间是吃饭睡觉，没有一刻钟能用来想想那些他们认为“有病”的事情，想想自己在这里做什么，做这个的意义和价值是什么，自己真正想干真正擅长干的是什么，自己的未来是什么，自己真的要在这个城市一天天一成不变地过下去吗？自己的婚姻再不会有惊喜了吗？自己什么时候需要来一个大改变，为什么不去试试那些从来不会买却非常喜欢的衣服呢？为什么不带着全家人去趟海边，面朝大海，坐上半天呢？

其实，这一切不都需要策划吗？

你的人生其实是你策划出来的。

也许你不承认不相信，但是，这是事实。

你想去海边，需要你策划，怎么去，去哪里，待几天，住哪里，干什么，吃什么，玩什么，跟谁去。

你想出国，还是需要策划，到哪个国家，去看什么，想干什么，买什么，去几天。

你要参加工作了，同样还是需要策划，去哪个城市工作，应聘什么样的工作，去哪些公司面试，需要准备什么，需要穿什么，怎么自我介绍，怎么展现特长，怎么与众不同，如何安排吃住行，多长时间需要找到工作，为了这个工作需要补哪些课。

这都需要你策划，策划得好，策划出色，你就会得到不一样的结果。人与人之间的差距，其实无形中就在策划中拉开了距离。

有的人会说，谁谁在学校期间表现一般，怎么现在成名人了，成领导了。

我想这是因为他是一个善于策划与自我策划的人吧。

秋天里的你，也许已经明白了策划其实是一个人必须掌握的人生工具，一个成就你的锐器。

我总跟企业家说，我觉得真正的战争应该在策划上，市场就是战场，竞争就是战争，尽管这样的形容有点夸张，但是在一个发展中的市场环境下，有时候战争还会升级为"核战"，为了报复竟然愿意两败俱伤、同归于尽，所以，在这个不见硝烟的战场上谁掌握了"策划力"，谁策划得出类拔萃、行云流水，谁就能赢得市场，成就明天。

有的企业家听不懂。

我只好解释。你的产品起什么名字，名字的竞争力在哪里，名字会不会成为一个品类的名字，你是不是能够创造一个新的品类？你的定位是什么，你需要舍弃什么加强什么，你的 LOGO 能不能跟上时代，在同行中够独特吗？你的市场在哪里，谁是你的消费者，你要怎么跟你的消费者讲故事，你怎么让他们对你与别人不同的优势一目了然，你给他们的购买理由足够打动他们吗？你在这个行业算老几，作为老二你的战略是什么，你还想多元化吗，你五年的发展计划是什么？你的研发能够厚积薄发吗，你真的是想通过你的产品造福百姓顺带赚钱吗？你的新工厂要设在哪里，怎么规划，要建什么风格的办公大楼？与加拿大公司的合作你能学到什么，你出国考察了吗？

你的团队跟得上公司的发展吗，你的企业文化够进取吗，还是挂在墙上装装样子？你的副总是一个什么样的人，你了解他吗，你怎么能让他真正成为你值得信任的人？你的员工爱你吗，你为他们做了哪些超出一个董事长应该做的事情？你的渠道覆盖全国了吗，你的经销商每年得到你们多少支持呢？

这一切的一切，哪个不需要策划，哪个不会因为策划而无中生有，无所不有。

策划是什么？

策划就是人类为人，怎么为人，人类做事，怎么做事的智慧和方法。

策划进入下大功夫时代

这样的大题目。

总会给我带来大局观和大思考。

中午下楼走了走。

在人头攒动和步伐匆匆中开启了鲜有的“CBD 遐想散步”。

从各个高楼大厦中一下子出来那么多人。

一对对，一群群，聊的内容主要是吃、喝、玩、乐四个主题。

看着大家的表情和举动，突然有了这种感觉：世俗的力量真大。

想要活出别样人生，只需打败世俗。

虽然是“只需”却不知道难倒了多少英雄好汉?

大部分的人没有尝到不世俗的美好和情绪。

昨天晚上接触了一个送水工，给了我不俗。

他来我家送水，他说有时日没要水了。我说是啊，一直出差。

他说找一个盆来吧，要洗洗饮水机。盆往地上一放，他就把饮水机侧面的一个螺丝帽拧开，水哗哗地流出来，他跟我说，长期出差最好把水放出来，你看水里都有水垢了，还要打点水洗洗上面的进水管，至少得洗两遍，这么长时间不用了。

全弄好了。他抱起水桶，又说，一定要轻放，然后适度按一下，不然，时间长了机器会变形，边说边擦拭着饮水机上的一点水痕，像是自己的孩子。

送走他，我感觉一下子有好多话要说。

一个普通送水工，因为他的话语他的态度他的专业而变成了一个“非常送水工”，因为他是一个非常送水工，所以，我希望每次都让他来送水，他也一定会从一个送水工逐步成长为一个“成功者”，水送出特别，人生就会多彩。

下了功夫地送水，会送出一个大好前程。

策划呢？策划公司、策划人比来比去，比什么？

不就是比谁下的功夫多，谁下的功夫大吗？

解决方法不同，创意不同，做法不同，效果不同，不都是因为下的功夫不同吗？

也许说功夫，大家不知道我在说什么。

具体讲，策划的大功夫怎么下？

接到一个产品策划的项目时，你看了多少有关这个产品的资料，你从头到尾认真地看了几个报告，你跑了几次市场，你跟几个产品研发者详谈过，你与这个公司的当家人谈了几次，你知道这个公司的行政人员、保安、保洁员怎么看这个产品吗？你知道到底谁在购买这些产品，他们为什么购买吗？你知道这个经销商在想什么吗？他们有哪些顾虑有哪些建议吗？销售人员的促销金点子你又知道几个呢？你知道当地的父母官怎么评价这个产品吗？你知道这个产品存在的本质价值和意义吗？你知道这个产品未来五年的发展趋势吗？你知道这个产品的可能性和创造性在哪里吗？你知道你想的那个广告语有没有销售力吗？你做过产品概念测试吗？你又看过几个同类产品卖场呢？你收集到了这个行业所有出色产品的包装了吗？你做到连做梦都在想这个产品的营销突破吗？你又逼了自己几个夜晚呢？你给这个产品起了多少名字呢？你有跟你的亲戚朋友茶余饭后探讨过产品的营销问题吗？你把你90后女朋友的想法激发出来了吗？你一抬头看天就会有一定要找到一个开天辟地的大创意的想法吗？

所有的问号，两个句号。

大功夫大策划。大策划大功夫。

做策划其实是从做人开始

萧伯纳说：“每个职业最终都是蒙骗外行人的勾当。”

我不喜欢有的策划人在激情澎湃演讲一番后，到了后台继续打电话告诉客户一些见不得光的策略。

我不喜欢策划人把策划说得很神秘很复杂。

我更不喜欢很多书都在说怎么做策划，却只字不提什么样的人做什么样的策划。

从事所有行业，成为任何专家之前，有一门课，你必须要得优秀，你才能成功。

这门课就是：做人。

可惜的是，目前这门课学校没有，老师们也不常讲，都忙着做家教开公司干私活，家长们更是落入俗套拼命忙着挣钱，很少跟自己的孩子讲做人的道理。

哪个时代的孩子都没有现在的孩子自由和可怜。

结果经常是家长有钱了，孩子却没救了。

别欺骗自己。事实就是事实。

你做好人了吗?

你能在客户和同事们坚持要欺骗消费者到底的情况下，站出来，说出自己的心声，提出自己的反对吗? 你能在大家排挤你的时候，决然离开这样助纣为虐的公司吗?

你是一个值得大家信赖的人吗?

其实，无论你是扮演什么角色，从事什么工作，取得信任是最重要的。

做老师，学生信任；做员工，老板信任；做餐厅，食客信任；做印刷，客户信任；做策划，企业信任。

人家信任你了，才能与你共舞、与你共事、与你共享、与你共赢、与你共渡。

而这个信任来的却不是那么容易。

尤其是做策划。

很多年轻人都想从事营销策划方面的工作。

也来信问我怎么才能成为一个优秀的策划人。

我给了他们一些回答。

今天想来，还落了一条最重要的没有告诉他们。

做策划其实是从做人开始。

我不能说大部分人都没有做好人，都没有体现出一个人起码应该具有的正直、良心、热情、不屈不挠的品格和气度。

因为大部分人都不会同意我的这个观点。

说我这么说太偏激。

其实，我自己知道我没有偏激，只是比较尖锐而已。

尖锐的文章、尖锐的人都不太被这个时代所喜欢。

就像只要能帮助客户把产品卖出去赚大钱就是一个好策划，就是一个著名策划人的著名案例，却不管是怎么帮助客户把产品卖出去的，有没有蒙骗消费者，有没有夸大其实，有没有丧失良心一样，有钱就被人称为“成功人士”，当成英雄膜拜。

还说英雄莫问出处，所以很多英雄就这么坑蒙拐骗地一路走来，直到站在了舞台的中央，一束追光下来，他们满面春风，早忘了自己曾经的猥琐奸诈。台下掌声一片。

“三鹿”倒下了，有些品牌狡猾，却很少有人想过这些恶劣品牌背后的广告策划公司是哪几家？他们不应该受到道德谴责甚至是惩罚吗？大部分的广告策划公司都在疯狂地美化企业，亮化产品，睁一只眼闭一只眼，不管这个企业这些产品是不是恶迹斑斑、问题重重，只知道，收人钱财，替人增光。

在我跟有些企业家提出公益策划这种利国利民利己的营销策划理念时，他们经常是说：徐老师，我们企业还不到做公益事业的时候啊。他们哪里知道公益策划是世界商业发展的趋势和潮流，你制作的所有产品，你营销的所有东西，都应该成为造福人类，推动社会进步，解决社会问题，美好人们生活的工具和利器才行，企业必须是公益的，产品必须是公益的，行销必须是公益的，广告必须是公益的，才能真正做到基业长青、百年品牌。

可怕的是，这些事情从未有人提起。

我又成了出头鸟。

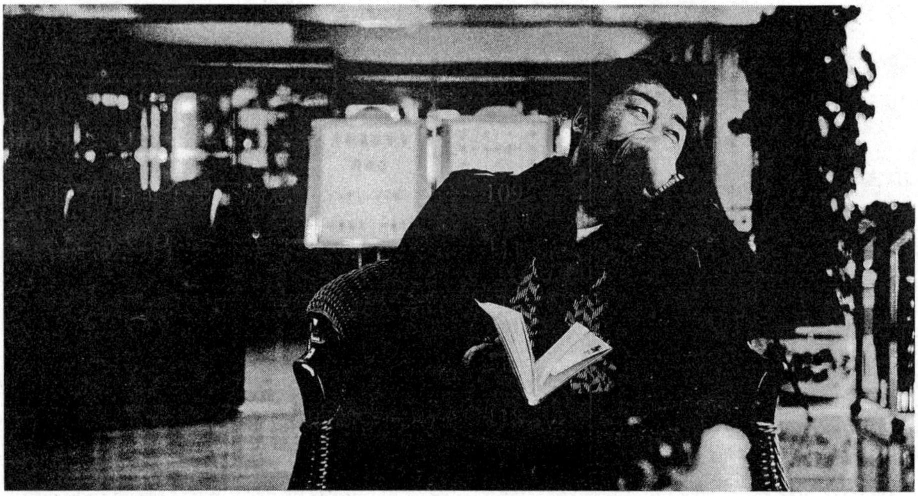

有美丽的心灵就有漂亮的策划

最近有不少年轻人给我写来了热情洋溢、才华横溢的求职信，他们说他们想做一个真正的策划人。

我一下子应接不暇。

我想有些事情得一步一步来。

台上一分钟，台下十年功。

人这一辈子，最重要的不是你所处的位置，而是你所朝的方向。

不能改变容貌，但你可以展现笑容；不能控制他人，但你可以掌握自己；不能样样顺利，但你可以事事尽力；不能决定到哪家公司工作，但你可以决定一生沉浸在你喜欢的行业里埋头苦干、勇往直前。

真正改变命运的，并不是我们的机遇，而是我们的态度。

成为一个真正的策划人的前提是什么？

前提是你要有一颗美丽的心。

我喜欢安静、平和、眼里有内容、头脑有思想、内心有激情、手脚肯并用的孩子。

我的面试是真正的面试，我会看一个人的面相，我不是算命的，但我看一个人的面相、一个人的言行举止，他们的一坐一站，一说话一走路，我就会大概判断出这个人是不是适合做一个策划人，若他们做一个策划人，会成为一个什么样的策划人，会成为一个唯利是图、助纣为虐的企业帮凶，还是会成为一个仗义执言、高风亮节把策划当枪的人。

我的判断总是十有八九不会错。

因为无论你的直觉告诉你什么，你都要仔细聆听。

在我看来，一个年轻人还不急着做策划，甚至不急着做任何工作，着急的是你要先通过见贤思齐提升自己的品质和品位，通过不断地自我学习，充实自己的能量，壮大自己的胸怀和理想，你要先做一个好人，你要知道天天总是自我妥协、自我安慰的人不是一个好人，好人就是对自己刻薄、对他人慷慨的人，有的人一生都在晃晃悠悠，有的人一生都在风风火火，奇怪的是往往风风火火的人成了晃晃悠悠的人的老板。

前天面试一个年轻人，她问了我一个问题，我很不高兴，她说："我想问一下中午休息多长时间？"

我说："你这样问，我很不舒服，你不应该问这样的问题，你这么年轻，你不能想中午多休息会，上班晚一点，下班早一点，若是你总想着休息，我想你不是我们想找的人，你到任何单位都不会做出成绩，你的工资只会降不会涨，年轻的时候不对自己不客气，对他人客气一点，就只能年老后被人看不起、懒得理。"

她的脸一下子红了。

这个社会的一切问题其实都是因为人心出了问题。

国民的心美了，国家就美了；市长的心美了，城市就美了；企业家的心美了，产品就美了；教师的心美了，学生就美了；丈夫的心美了，妻子就美了；运动员的心美了，成绩就美了；演员的心美了，戏就美了；司机的心美了，交通就美了。

策划人的心灵美丽了，策划就漂亮了。

所以等你的心真正美了，你再来学策划、做策划，到那时候你做出来的策划一定会是利国利民的公益策划，一定会把策划当成造福人类改变世界的工具，一定会用策划助力众生、扶贫救困开天辟地创造出自己的传奇一生。

我们用冒险换回的最大回报就是独具一格。

为了能去做你自己想做的，你首先要去做你必须做的。

政府最需要策划，官员最需要换脑

为什么有的人不能做策划?

因为他们异想天开的能力差，思想受限，框框太多，平铺直叙，按部就班。

为什么有的人没有创意?

因为他们想入非非的本事小，想象力不够，洞察力不够，迫切力不够，不相信梦想可以成真。

其实，策划就是无法无天，创意就是想入非非。

上午跟一个政府官员谈城市营销的事情。

喝了一杯咖啡，聊个半个小时，我发现对面这个官员不一样。

她换了一个更舒服的坐姿。

也许她也觉得我不一样。

她笑着说：我们政府特别需要策划公司帮助，特别需要您这样有想法又务实的策划人给我们洗洗脑上上课。

她说得没错，一个市长的品味决定了一个城市的品味。

大部分的政府官员都是一个模样：官腔，官装，官姿，官思，首先求安全正确，求平稳发展。

所以官员不适合做策划，官员更缺少创意。

我们都知道这个世界上最大的策划机构就是政府，但这个策划机构里既没有真正的策划人，又缺少优秀的创意设计人员，但这个机构却一直在策划着你的街道，你的区县，你的城市，你的国家，你的公司，你的衣食住行，甚至是你的生老病死。

多么可怕的现实，明明知道这个策划机构不太擅长做策划，但又无可奈何。

还好有的政府终于谦虚和开放了起来，敢于承认自己的不足和缺点，主动开始接触策划公司，开始请外部智囊团帮助出谋划策。

到底什么是城市营销?

城市营销其实就是你把整个城市当做一个产品，你需要给城市这个产品找到一个独一无二不可复制不可替代并有强大竞争力和发展前景的位置，围绕这个定位你需要规划设计一系列体现和丰满这个定位的事情，你需要把散落在你这个地区里的所有珍珠用这个定位穿起来，把珍珠穿成一根项链，再给这根项链想一句广告语，设计一个漂亮的包装，找个场合通过一个活动或其他方式展示出来，最好能吸引全世界的目光，让大家了解你这个城市到底是一个什么样的城市，你的特点是什么，你有什么优势，你的梦想和前景是什么，你欢迎什么，你倡导什么，你反对什么。人们知道了你这个城市是一个什么样的城市，就知道了自己该做什么，是该去投资办厂，买房居住，还是该去休闲度假，大家都自有安排了。

这个世界最怕什么，最怕不会自我规划、自我营销的人，你不自我介绍，不展示自己，大家怎么认识你，了解你，欣赏你，重用你，爱上你?

无论是一个城市，还是一个人，最重要的是要想尽一切办法找平台寻机会来表达自己的思想和观点，展示自己的特长和与众不同之处，你不告诉这个世界你是谁，你有什么本事，这个世界才懒得管你是谁，你有什么本事。

就像我们把太原市清徐县包装策划成了“中国醋都”一样，我们不给山西清徐定位“中国醋都”，山西清徐就永远是一个盛产山西老陈醋的普通县城而已，围绕中国醋都这个定位，我们又为清徐策划设计了“醋都标识”、“醋都城市形象 VI 系统”、“中国醋都网站”、“醋娃”、“中国醋文化节”、“中国醋博物馆”、“中国醋产业园”、“全球寻找醋姓人活动”、“老醋进京”、“中国醋产业发展论坛”、“保健醋发展规划”、“中国醋都城市形象宣传片”，有了这一系列的策划和设计，中国醋都就基本上做到了名副其实，清徐就有了转型发展的方向和机遇，区域经济就有了聚焦和规划，城市面貌就有了创新和突破，招商引资就有了目标和底气。

若没有一个准确的定位、全面的策划和有效的执行，这个城市营销就是喊喊口号，贴贴标语，做做活动，走走过场而已，而中国大部分城市做的所谓城市营销就是这种劳民伤财、不疼不痒、没有定位、没有概念、没有策划、没有创意的“不诚实营销”。

一个城市要想崛起，不成立策划团队，就要请专家外脑。

创立“我国策划”

“你越在意它，可能它越不会来，你要做的只是现在不断地去准备，最后它就来了，所谓不期而至，不期然而来到。”

把这句话送给你，祝你中秋节快乐。

在车里听广播，总理说：我国的教育问题……

听到“我国”两个字，我一下子坐不住了。

总理之所以是总理，是因为他总是站在全国全世界的角度看问题，所以他视野宽广，智慧超群。

总理是一个国家的总经理。

总经理是一个企业的总理。

总经理之所以比经理有胆识更通透，因为他的位置不同。

他是总经理。

一个人，一个企业，一个家庭，一个城市，若也站在全国全世界的高度和角度看问题，会出现什么大场面呢？

一个策划人呢？

策划人是不是应该创立“我国策划”呢？

广大中国中小企业、中小城市最缺什么？缺高度，缺高端，缺资源，缺整合，缺创意，缺突破，缺策划，缺营销。

无论你做什么策划，都可以试着运用“我国”的层面和境界来开启。

你做牙膏，你要想我国的牙膏市场什么样，我国国民对牙膏的需求有什么变化，我国国民品位和生活消费有哪些变化，这个牙膏在我国牙膏行业里应该占什么位置，它的卖点有意义吗，我国需要一款什么样的牙膏，我国的牙膏能为世界贡献什么，我国牙膏如何与国外品牌差异营销，我国终端渠道的问题在哪里，我国广告传播的创新在哪里，我国需要一个“牙膏博物馆”和“牙膏专卖店”吗，我国需要“牙膏下乡”吗，“少年强牙膏”计划可以吗，“夏天牙膏”我国是不是应该创?

想了这所有的问题，有了所有的答案，你再来想这款牙膏应该怎样定位，应该取一个什么名字，应该有一个什么样的包装，应该定一个什么价格，应该如何营销推广，应该怎样进入人们的真实生活。

这就是“我国策划”的独特之处，无论是一个县城的小企业，还是大集团中的小公司，都可以从“我国策划”开始想问题找出路。

中国的策划公司最好设在北京，因为北京是中国惟一一个具备“我国策划”条件和地缘的城市，从北京能看到全国，站在北京能觉察全球，一个人生活工作的地方改变了他的一生，一个企业也如此，在北京有“北京的高度”、“北京的资源”、“北京的气势”、“北京的底蕴”可卖，在北京更懂中国，看事情更清，知信息更快，识事物更准，融资源更多，所以，北京最适合一个策划人的成长与发展。

所以大多数中国企业都来北京找策划公司。

一个大策划家总在卖“国家战略”、“顶层设计”、“全民意志”、“文化智慧”和“开天辟地”的创想。

吉卜林曾经写过这样的诗句:“当你周围的人都低下了他们的头，对你抱以咒骂和责难时，如果你依然能高昂头颅，在与庶民交流时保持着你的风度，在与王者同行时保持着你的平易近人，那么，你本身就是一个世界。在那里，你拥有了一切。”

一个大策划家卖的就是他的世界:寡人的忧虑和孤独。

两层策划

喜欢北京。

书，胡同，奋斗的人，文艺青年，智者，通透者，迷茫者，美女，生活味。

还有这里的新奇事件。

刚从官书院胡同出来，就看到了一个老外。

这个老外“老外了”，他用那样的眼光看我。我还以那样的眼光看他。

不知道是中国人在看英国人，还是法国人在看中国人。

不知道这一看，他在想什么。

我那样看他，因为他竟然骑着一辆我第一次看到的双层自行车，我忍住了不表现得太没见过世面，但是我的内心厌了我，干吗装作那么大气，好像什么都不在乎，在乎了这个异乎寻常，才能创造出匪夷所思。

看着这个得意的老外骑着两层自行车，高高在上地享受着空气，比那些汽车高出了一大截地远去，我快速地思考。

想赶紧抓住这一刻的震动，产出打破徐大伟惯性思维的结果。

什么叫老外？老在外面，老在用外人的眼光看人看事看世界的人就叫老外。所以老外也可以是中国人。

所以他们总有一些让我们目瞪口呆的创意。

因为他们是“外人”。

他们每天都在向中国卖“外人”的想法和理念。

什么创意人最厉害？外地人、外国人、外星人。

你为什么没有创意？因为你靠得太近，当你靠得太近的时候你就看不清事物的面貌。

也许你骑过两人自行车，但你能想到把两个自行车上下接在一起，变成双层自行车吗?

当我们打开电脑扑面而来的不是“炒作”就是“抄作”的时候，我们还有能力去“超作”吗?

其实，我们中的大部分人就是在活着而已。已经没有希望，没有理想，没有梦想，没有改变的力量和勇气了。

看着七八个年轻人蜗居在一个十几平方米的房子里，露天开灶，却还围在一起叫喊着打扑克的时候，你知道我的心有多难受吗?

他们完了。他们也许永远都不能在北京买上自己的房子，娶上自己喜欢的姑娘，过上自己想要的生活了。

打开电视，广告来广告去，总结一下五个字：不假不广告。不是演员假，情节假，就是产品假，广告语假。这话或许有些绝对。

喜欢北京。

因为到处都是课堂。

谁能想到一出胡同就能遇到一个大鼻子老师，只看我一眼，头也不回地远去，却能突破我的局限?

教会了我“两层策划”，在我的思考之上又加了一层思考，让我有了“双层思考”。

不知道若启动“两层北京工程”，北京会呈现出一个什么样的不可思议的图景呢?

两层电影，两层手机，两层啤酒，两层村，两层设计，两层河，两层公民，两层公园，两层故宫，两层报纸，还有“两层徐大伟”。

别说不可能。

策划其实越来越简单了

大忙帮不上就帮点小忙。

这是我写每一篇文章之前的想法。

你可以让这个世界变得丑陋，你也可以让这个世界魅力四射。

这个世界上只有两种人：一种是锦上添花的人；一种是锦上添乱的人。

我希望我能成为中国的一枝花。

所以我的压力从来不小。

早晨在雍和宫的路口听到一个卖香的老太太说了一句话，让我今天变得有话跟大家说。

她手里拿着香跟一个正在掏钱买香的小伙子笑着说：老人不骗人。

“老人不骗人”不就是一个很好的商业模式吗?

若老人不骗人，我们为什么不能建设一个“中国老人创业园”？

“老人菜市场”全国连锁不行吗?

“老人超市”的广告语“老人不骗人”不好吗?

“老人实诚餐厅”不会顾客盈门?

“老人购物网”会有圈套吗?

“老人婚介所”还不放心吗?

“老人酒店”会宰客吗?

“老人美容院”还怕被设计吗?

你当然会说怎么不会，老人也不一定不骗人。

所以，有了这个想法，就需要策划，需要给“老人集团”确立一个定位和核心价值观，需要提炼“老人精神”，塑造“老人经商文化”，传播“老人宣言”，规范“老人行为”，颁布“老人做事标准”，遴选“老人集团产品”，创造“老人产品”，推广“老人品牌”。

我听到“老人不骗人”这句话能想到这些，你为什么听了什么也想不到？

因为第一是你从来都不是一个随时在思考的人，你不是一个到处寻找灵感的有心人，第二是你举一反三、触类旁通的想象能力不强。

怎么办？

没有办法。只能看什么都觉得从来没有看见过一样，听到什么都像第一次听到一样，重新琢磨它，重新认识它，看看是不是会想到什么，会不会有一些感触和想法。

永远记住：事事都有创意点，人人都是思想源。

这个世界成功没有任何诀窍。惟一的诀窍，就是知道抓机会，不是等机会。惟一的诀窍就是要勤奋，不能懒惰。一切的成就，都是在懒惰中当面错过，一切的成就也是在勤奋努力中不断得到落实兑现。

很多策划人都在抱怨现在策划越来越不好做了，市场变化莫测，客户急功近利，竞争你死我活，顾客百般挑剔。

表面上看来当然如此，但我觉得现在反而策划越来越好做了。

因为中国基本上是一个“同质化”的市场，什么东西基本上都大同小异，一出门一样的快餐店，一样的房介公司，一样的出租车，一样的超市，一样的服装，一样的早餐，一样的表情，一样的手提电脑，一样的斑马线，一样的手机，一样的房子，一样的西装，一样的眼镜，一样的背包。

在这样的一个环境下做策划，你说多简单，策划出不一样的东西不就行了吗？

很多策划人说现在做策划越来越难了，其实是说明他们被同化的速度越来越快了。

已经没能力抗争和革命了。

策划不是美化，策划是突破

楼下的长腿美女和胡子拉碴的酷男们正走在去吃饭的路上，我一个人坐在办公室里听着林海的音乐《让爱》，写这些字。心里是幸福的。

我为什么不下楼吃饭？我怕等电梯，怕等座位，怕等上菜，怕浪费美好的午后时光。所以我放弃了坐在餐桌前享受一顿美妙午餐的可能，而选择了同事的带餐。

我一直这样度过中午。

什么叫成功？成功就是牺牲。

为了获得自己的成功，我只能每天都加快牺牲的步伐和加重牺牲的砝码。

牺牲的路上有两个词给了我很大的灵感和力量。

一个是美化，一个是改善。

有了对这两个词的深入理解和灵活运用，我找到了一份自己热爱的工作。

温斯顿·丘吉尔说过："如果你找到一份你热爱的工作，你就不是在'工作'了。"

显然，我是幸运的，因为热爱策划热爱创意，我没有"工作"了。

这些天我突然想明白了一件事，大部分的策划公司、策划人做的事就是美化和改善企业与产品。

你美丽我比你更美丽，你完善我更完善。

却很少有策划公司策划人去主动"突破"。

突破的少，所以竞争惨。

其实，这个世界上从来都不缺少“渐进性创新”，很多企业本身都在每天创新一点点，策划公司策划人也会想尽办法、用尽创意推动企业的创新进程，但我觉得我们这个世界最需要的应该是“突破性创新”，哪个行业哪个事情不是因为“突破性创新”而开天辟地万象更新了呢？

一个真正的策划家其实不应该只是一个美化者、改善者，更应该是一个开拓者、探索者、挑战者、冒险家、梦想家、实践者，更应该是一个地球美好生活的实验者和发明者，思考不存在的事务，是所有发明和创造的源泉。

策划人策划公司之间的竞争实际上是人与人之间的想象力竞争、创造力竞争和实行力竞争。

突破性创新当然不容易，但至少你有了这个理念和想法，你再做策划再做创意的时候，你就有了目标和方向，你就会知道自己的差距在哪里，自己的瓶颈在哪里，自己的能力极限在哪里，你就不用非要说自己的东西有多好多美，客户有多矫情多不识货了，因为，没有突破的东西，再美还是那个东西，没有本质的区别，概念突破不了，产品突破不了，市场就突破不了，产品与消费者的关系也突破不了，你与客户的合作同样突破不了。

也许，你已经生了一肚子气，憋着劲想问问我怎么突破，让我举个例子。

其实，你知道这样的例子很多，我也知道，我必须说几个你来听听。

你知道这个世界上最好的饮料是什么吗？

是水。

但又不是所有的水都是最好的饮料。所以这就诞生一个市场：真水市场。什么叫真水？真正有利于生命并真正被专家称为地球上最好的水，就是真水。真水就从“水”中突破而出了，真水真力，人要真水。

你可能会说这也算是突破吗？我想这算了。这个世界本无“真水”。

再说一个不成熟的想法。

我们身边有各种各样的超市。

我们身边有很多人能用员工价或内部人士优惠价买到各种各样的产品。

我就想为什么不能开一家“员工价超市”呢？所售的所有东西都是员工

价或内部人士优惠价，你觉得这样的超市会不兴隆吗?

“删除键咖啡馆”不能开吗? 都在卖咖啡，你不能卖“删除痛苦计划”、“删除阴影全新人生方案”、“故事倾听者”、“后悔药”吗?

楼下不是快餐店就是西餐厅，再不就是豪华得让人不敢进的中餐馆，我就在想多可怜的午餐者，不能开一个“脑力劳动者健康餐定制会员店”吗? 会员们每天也不用考虑吃什么，到点就去吃好了，餐馆根据每人身体状态、营养情况、工作强度量身定制午餐，你觉得这个餐馆突破了吗?

策划人对策划的了解，有时候比不上人对策划的理解。

留更多的时间来做点突破性的事情吧

凌晨一点。乘务员说北京的地面温度零下九度。

坐在出租车上看窗外。

温暖行进，别无所求。

抬头看那些林立的楼，有很多灯还亮着。

我用尽所有的想象，仍然无法想到那一刻那些亮着灯的房间里正在发生什么。

那些人在做什么。

他们为什么这么晚了还不睡觉?

他们有什么样的生活方式?

“凌晨一点生活方式展”该不该请他们呢?

这让我一下子想到了创新，想到了突破。

没想到我的脑子能够跟这样的夜晚一样棒，创意无疆。

一个夜晚里会有无数种可能，能有数不清的创新，应接不暇的突破。

为什么我们的商场里满是差不多的商品，我们的学校里满是大同小异的学生，我们的大街上大多是一个表情的行人，我们的办公室里大多是自私自利的上班族，我们的干部队伍里有很多乌烟瘴气，我们的企业里最多的是“保饭碗”和“一言堂”，为什么我们的所谓创新产品净是抄袭和复制，为什么我们的绝大多数商人们都在跟风和模仿，为什么我们的电视台千篇一律地在做“相亲”，为什么我们的报纸几乎一个模子，为什么我们的城市建筑风格几乎千城一面，为什么我们的出租车形象如此单调而缺乏情调，为什么我们的图书馆都是一个样子，为什么我们的大多数演员都一个德行，为什么我们的大多数广告都是那么急功近利，为什么大家都认为公益是有钱人做的事情，为什么大多数家长自己不能做孩子的榜样却希望孩子们成为精英，为什么好多饮料的包装如此世俗而徒有其表，为什么大多数的饭店都在用最便宜的油盐酱醋茶却不知道用什么调料本来可以成为他们的独特卖点，为什么大多数的县城都比市里脏，为什么地铁里的人们都是那样的愁眉苦脸，为什么我们的少年少女们的毛病如此之多却又如此肆意妄为，为什么看着那些垄断性的企业在大肆做无用的形象广告却不要求他们给山区里的孩子们提供一顿“免费午餐”，为什么大多数有钱人的态度越来越让人讨厌，为什么多数当官的都在忙着“走上层”，为什么胡同里的人也正在变得斤斤计较，为什么都在嫉妒别人、痛恨别人、质疑别人，为什么创新来创新去电视还是那个老样子，为什么大多数的教授都富了自己穷了学生?

这一切不都需要突破吗?

这个世界最缺什么，中国最差什么?

突破性的思维，突破性的做法。

很多人很多事情没有突破没有真正的创新其实是因为做这个事情的人或团队没有突破性的思维，从来就没想过“凡事之前想去突破，才能突破”，尽管突破不是那么简单的事情，但根本就没有想过要突破性地做这件事情，我想这件事情也就一定没有突破了吧?

所以，来一个“突破性思维大会”和“突破性思维运动”显然当前是最合适不过的，但谁来组织主办呢? 又是一个需要突破的事情。

有了突破性的思维，就要做突破性的事情。突破难，突破累，为什么不在企业里设立“突破领导小组”、“突破队”、“突破三人行”、“国际化突破年”、“突破同行月”、“突破部”、“突破总监”、“突破顾问”、“突破课题组”、“突破车间”、“年度营销突破奖”、“突破广告经理”、“突破研发中心”、“企业突破文化节”？为什么不制定“突破战略”、“突破条列”、“突破指导手册”、“全面突破计划”、“2012 产品设计突破工程”？

街边的路灯白色的光圈照着零下九度的北京。

我不知道我的一生会是哪条街上的哪个路灯，会是多大的路灯，照亮黑暗，给人光明。

做策划就是放风筝

非要一上来就写一段感性的文字吗?

能不能上来就题论题?

可不可以不这么跳跃，我们都跟不上。

对这些朋友的疑问。

我的回答还是如此地固执：不能够。

尽管会有人不喜欢我这样的开头，这样的写法。

说没必要这么啰唆。

但我还是觉得一上来有点情绪的飘扬和生活样态的表述，会让我更容易进入状态。

窗外有一大帮人在拍电影。室内我们的创意交锋会波澜壮阔。

一个同事说到了世界十大河流。

一个同事提到了领袖名字。

一个同事板书了天体。

一个同事述说武侠精神。

一个同事画起了景泰蓝。

一个同事感叹世界大工程。

我们正在给一个机械产品起名字。

听了同事们天马行空的发言，我说：“做策划就是放风筝，必须要飞起来，不能一直贴在地面，飞起来才能看得见、看得远、看得清，飞起来才能跨越，才能有大突破，但是又不能飞得太离谱，太超前，毕竟‘飞’出来的东西，还是需要落地，需要可操作能执行有效果，只要手里有了这根线，就不妨多飞一会儿，多看一看，现在我们就很好，飞起来了，马上就会有突破了，大创意往往就是在无所顾忌的‘滑行’中。不是‘飞客’不能非凡。”

同事们都笑。

很多人问我到底怎样才能成为一个策划人?

其实，策划人之所以有想法，因为他认为自己是策划人，大家也认为他是策划人，他就无意识间在以一个策划人要求自己，给自己暗示，给自己压力，所以他敢想敢干成了一个策划人。

策划人应该是这个世界的“外人”，应该是一家企业的“客人”，因为是外人，所以更能看到事情的本质，更能清醒地面对现实，因为是外人，所以会有一些不同的观点和建议，加上基础的营销知识和品牌理念的支持，就能系统地提出解决方案了，就能用智慧和创意帮到一个企业了。

很多人为什么没有想法?

因为他们陷入俗套，被人同化了，总是在事中纠缠，不知道站在这个事的“上面”、“远处”、“旁边”看这个事，不懂得用大后天的环境看今天的事情，所以他们的想法总是跟大多数人相同。

而大家都能想到的创意，是不会有人买单的。

所以他们无法吃这碗饭。

而每一个行业其实都是有“魔法”的，策划家的魔法是:

(1) 从来不想同。

(2) 倾听十句话，只说一句话。

(3) 走到哪里问到哪里：为什么这样?

(4) 什么都看不上。

策划就是“变法”。

策划与被策划一样幸福

孟兵：

收到你这样的来信，意想不到。加上实用又超越了惊喜。更是让我一下子招架不住。难道就这样被你策划了？

每一天都有封信让我按捺不住。今天你的信，尤其带劲。原来策划与被策划一样幸福。

尽管，我会觉得我才是策划家，我这样想的同时，我正在缩小。

下一个动作，应该是放大。

原来人人都应该是策划家。

不知道“人人策划，策划人人”工程是不是又是一个利世、利国、利民的创举呢？

不知道“人人策划课”我有没有资格上去讲一讲呢？

不知道“人人都该被策划”计划，会有人踊跃报名吗？

不知道“北京策划人的有限公司”会不会有生意呢？

不知道“人人策划节”会不会成为现实呢？

不知道“人人策划办公室”谁来办呢？

不知道“人人公益策划”，你愿不愿意跟我一起免费为他人做策划呢？

不知道“我为大伟提建议”可不可以延展成为“我为北京提建议”、“我为医院提建议”、“我为地铁提建议”、“我为县长提建议”、“我为丈夫提建议”呢？

不知道我们能不能推动“自我策划”时代的早日到来呢？

不知道“2012 愿景”你策划了吗？

更不知道你正在做什么，孟兵？

反正不做策划就可惜了。

感谢！

祝好！

徐大伟

2011 年 12 月 11 日

大哥好，上次是我建议您注册想法日报域名。

我为大伟提建议：

（1）以《所有的励志都比不上立志》为主题全国巡回演讲活动。

（2）大爱天下中国行、西部行，邀请名人明星名流一同免费赠书同时做公益慈善活动，将书当面送到，将当地的贫困情况通过媒体报道，让更多人了解，号召大家一起做慈善。

（3）重视网络的力量，我知道您从不网聊，希望微博用起来，您是名人，媒体随便发几句，几百万粉丝就有了，微博就是您的通讯台，更方便宣传慈善，推广民间流动图书馆。

（4）使用 YY 语音软件，开通个频道，每周为网友讲一堂课，讲做人、成功、创意等，现场回答青年们的提问。

（5）做录教程，徐大伟谈青年如何成功，徐大伟想法教程等，正版可以出售，同时上传网络供大家学习。现在网上您的视频并不多，能够多上传一些演讲视频的话更好。

知道您的时间很宝贵，有很多事要做，或许这些建议和您的风格不相符，请见谅。天天看您的博客，也买了您的书，受益匪浅。

——邵孟兵

今天我想策划你

雪落雪停。

今天我想策划你。

也许你还以为策划是一个贬义词。

既然你以为它是一个贬义词。

那么你从此就离策划远了。

离开了策划你就像没有浆的小船。

你费很大很大的力气。

也只能随波逐流。

奈何不得。

策划到底是什么?

策划不就是智慧和创意交结后的出路吗?

策划不就是美好和改变这个世界的想法与方法吗?

策划不就是让你脱颖而出、脱胎换骨，脱离世俗、脱掉惯性的指南和导图吗?

你还会跟人说理想吗?

你会认为说理想就是幼稚吗?

若说理想就是幼稚，那么我告诉你很多你正在崇拜和追随的人都是天生的理想主义者。

他们幼稚起来，你如何架得住?

忘记了理想，就是丢了半条命。

没有理想，就等于行尸走肉。

我的话吓着你了?

若我说我眼下的这条北京CBD的繁华大路上走的人中大部分都是行尸走肉，你会骂我吗?

但是，你敢不敢现在就走到大街上做一个“理想记”的采访呢?

你去问问街上的人他们每一个人的理想是什么?

你也许会问到一些理想，但你仔细看看这些理想的重量和大小，有多少利国利民的理想，有多少顶天立地的抱负，有多少忧国忧民的计划?

也许你还不知道，绝大部分人是这样认为的：国家是政府的，与他们没有关系，他们只是他们所在地方上的一个住户，他们只是这个国家的一个食客，他们的存在不是为了付出什么，做出什么，而是为了索取什么，索取多少，天天都在计较这些，与同事朋友计较，与政府计较，与消费者计较，与合伙人计较，与父母计较。

我突然站出来对他们说：让这个世界因为有你而有一点点的不同行吗?

他们会用那样的眼神看着我，说我是个傻子。

你为什么就不能让这个世界因为有你而有一点点不同呢?

大不同做不到，一点点不同，不可以做到吗?

你是一个吃了上顿没下顿的流浪歌手，你为什么不能创作一些励志歌曲，自己作词，自己作曲，自己演唱，唱出你的内心痛苦，唱出你的远大理想，难道不会打动年轻人，改变年轻人吗?难道你这样坚持下去，你不能被年轻人们捧成“励志歌手”吗?难道你的故事，你的作为，你的坚持，不值得被传诵、被关注、被崇拜吗?难道你成了著名的“励志歌手”还会穷困潦倒吗?

你是一名大学生，你为什么不能成为一个大学四年读过1000本书的“大学第一书生”呢?你为什么不把你怎么读这一千本书的感想写出来跟大家分享呢?你为什么不能以“大学第一书生”的身份组织校园阅读改变命运巡讲会呢?

你是一个正在热恋的男孩，你被爱情冲昏了头脑，你为什么不去天天给你的女神写一封情书，把你写的情书发出来，感动更多恋人呢?

你是一名医生，你为什么周末不到一些郊区贫穷的山村给那些大爷大妈们免费看病呢?

你不用回答我。

你去做。

现在就开始做。

你普通，是因为你一直认为你普通。

策划十二条

一、策划之前先想这个事到底是一个什么样的事，给它一个大的定位和看法。

二、把一接触这个事或产品时的直觉写下来，想到什么，写下什么。

三、到现场去。现场有宝藏，现场有启发，现场有问题，现场有答案。

四、带着这个事或产品吃饭、看书、睡觉、上厕所。

五、像消费者一样琢磨这个事，使用这个产品，发现漏洞，发掘珍珠。

六、找到这个事或产品的最高意义与最大价值。

七、把那些意义和价值变成企业或产品的核心竞争力。

八、把企业或产品的核心竞争力变成产品名称、产品基因、产品设计、产品营销。

九、重新定位、定义企业或产品。

十、策划企业家，策划企业，策划产品，策划市场。

十一、创想、创意、创新、创造的理念和思路交替运用。

十二、所有的策划都是半成品，另一半看执行。

中国最缺一个词：颠覆

每天实实在在做人，实实在在做事，做完了就一定会有回报。

坐在这里，看着街上。

想到了很远。

这一街街的人，有多少人在作为一个人类活着，有多少人“低级动物”般地生活，有多少人想过他可以改变，有多少人琢磨过他可以打破一切。

听着红歌《听妈妈讲那过去的事情》，内心柔和光明，想法清晰，谁来颠覆歌曲，谁来创新“绿歌”？假如你知道什么是绿歌，谁又来推出“蓝歌”？什么叫蓝歌？海歌就叫蓝歌。什么叫海歌？

这样一直问下去，你就是走在颠覆的路上。

假如我说中国太平凡太世俗的人和东西太多了。你一定不爱听。

不爱听，不承认，就是最大的障碍。

为了让人们明白，世界就是在人类的手中改变的，不知道还需要我说多少话。

为了让你知道中国和中国人最缺少“颠覆”的意识和创意，还必须刺痛你。

而刺痛你越来越不容易。

刚毕业的学生一上班就表现得跟一个“老油子”一样，自己还以为这是成熟，这是大气，这是不亢不卑。

却永远不知道，去了一个新单位，干一份新事业，学一个新业务，就是要“亢”，就是要“卑”，不然，谁还会主动教你东西，谁会愿意提点你，你一定要知道，这个世界正在变得越来越自私，你想让他人助你成长，你需要比以前更无私，更热情。

热情和激情是这个时代的年轻人最缺少的气质。

冷冰冰和装沉稳的年轻人最让人讨厌，最没有前途。

两个女子打着一把伞在我眼前走过。

看着粉色的太阳伞，我就想颠覆它。

“励志伞”不能创造吗？“一定要撑起自己的一片天地”不是“励志伞”的口号吗？

“广告伞”不能创意吗？无论是艳阳高照还是阴云密布，一把把时尚跳跃的“商品信息伞”在眼前划过，你会不注意吗？

“香伞”，独特迷人的香水伞不会成为潮女们的最爱吗？

“雪伞”，不能给雪一把伞吗？

“二人伞”，不可以设计一款二人共用却不挤的伞吗？

“静思伞”会是一个什么样子呢？

“地球卫士伞”又是怎样呢？

今晨见到一句话：再难也要做君子。

所有的中国男人不都应该是“君子”吗？

所有的中国男人还有几个真正的“君子”？

怎么颠覆中国男人的形象和行为？

做君子就是一个突破。

国家成立“中国男人改变委员会”，简称“中国男改委”，推出“中国君子塑造工程”，建设“君子学院”，推广“君子服”，颁发“君子符”，举办“中国君商大会”，扶持“君企”，表彰“君官”，奖励“君家”。

就是这篇文章，我也要颠覆，我不想再写“文章”，想写“文仗”。

仗义执言。

徐大伟谈创新

坐在这里，坐在北京，在这个夜晚，我不知道我的空间还有多大，不知道我的时间还有多长。

不知道我的高度能达到多高，我能走得多远，我能影响多少个人，我还有多少眼泪要流，我能不能让更多的人理解我，懂我，不知道此时此刻有没有人正在想我，正在被我的个性和一意孤行所感召，不知道现在有没有人正在捧读民间流动图书馆赠送给他们的书？

下午湖南卫视的一个记者跟我说：我觉得您像现代版的愚公。

他们还说看我的博客，看我的文章觉得我这个人太愤青，太偏激，但见了我的人又觉得我讲话太有魅力了，实在佩服。

我是个愤青吗？我偏激吗？我怎么从来没有觉得，是我真的愤青和偏激了，还是他们太“沉迷”了呢？

倒是喜欢他们说我是一个愚公，尽管我不敢自称愚公，但这个时代不就是需要一批批的愚公吗？这个时代的问题不就是“大公”的人少，自私的人多吗？不就是眼里只有“公关”，忘掉“公共”了吗？

又扯远了。

我总是在想若是真的能扯远了，扯到一个新的从来不曾去到的区域，不就是思想创新吗？

开了两天会，现在就想睡觉，累。

可是，我总是每天给自己很多“可是”，可是我不能偷懒，我的定位不同，我是要“从大伟走向伟大”的人，我的辛苦是必定的，我不能付出亚于任何人的努力也是必须的，我不能现在就洗洗睡，人的一生，只有记住这四个字“不能偷懒”，每天坚持不偷懒，该做什么做什么，能做到什么程度做到什么程度，决不偷懒，一天天累积起来，就是伟大的一辈子。

我不能现在躺在床上，就像我不能现在不写这篇文章，尽管没人命令我，没人督促我，可我就是自己的督察，我的人生还需要我自己去创新，离开我谁还能给我什么?

其实，最大的创新是人生的创新，是人生的设计创新，你怎么给自己定位，怎么给自己设定目标，你将要把毕生精力全部投入给什么，你的未来要什么样的成就，甚至你的生活方式是什么样式，都需要来创新，只是大部分人不会主动去创新自己的人生，一味被家长、被老师、被领导、被同事、被同学、被亲戚朋友、被世俗所干涉所框定。

其实这个世界真的活在“框框”外的人太少太少了，大部分人都在自己的框框里跳不出来，不敢跳，或者干脆就不知道自己正在框框里。

其实，做任何事情之前都要想想这个事情的“框框”是什么，什么正在把你限制住，什么让你的高度起不来，宽度达不到，思想太贫乏，想象力狭隘，找到框框，才能打破框框，打破框框就是创新，创新不是修修补补，复制粘贴，不是照抄模仿，创新是创造新生，创新是创意一切。

其实现在大部分的国人根本就没有深刻理解到底什么是创新，到底怎么创新，创新到底有什么用，创新根本就没有刻在中国企业家的心里，根本就是喊口号，说官话，说着说着都成顺口溜了，可真正的创新却很少在中国大地上发生。中国这样的大国，除了人多地大，自大，还有什么？有多少人知道其实创新需要的是全民性、全行业、全过程、全环节来推行，无处不创新，无人不创新才行，创新首先需要一个适合创新的环境，体制就是环境，领导就是环境，创新更需要“创新指导纲领”、“全民创新思维培养手册”、“全行业创新探索论坛”、“全过程创新分解图”、“创新市长计划”、“全员创新工程”。

到底从哪里开始创新，到底怎么创新，也许很多人还是不明白，所以，这里又产生了一个新行当：创新教练，创新家，创新辅导公司。

说了这么多，真正的创新依然不是说说这么简单，创新需要不换脑筋就换人，创新需要时间创新，空间创新，地球创新，星际创新，向下创新，向上创新，再创新，大创新，需要每时每刻思想上立足创新，行动上谋求创新，没有勇气不可能去创新，没有阻力不叫创新，没有奋争不可能实现创新，不想到做到，就做不到，没有马上行动，就没有行动。

策划不需要创新吗？我正在思考“策划创新”的大事件，大发展需要大气魄、大手笔，能不能来个大的，就看我们怎么理解创新，怎么理解自己了。

你要练出一双看得懂这个世界的火眼金睛，你要看出人中人，听出话中话，你要知道有的话我们不说，不等于这些话不能给我们力量。

生命就是创新，活着就是创新。

怎样才能有想法

音乐一起，精神就起。

这些天我的脑子很活跃。

活跃来自我保持的充实生活。

每天都好高兴。

跟喜欢的人一起干喜欢的事。

白天活跃地工作，晚上活跃地看书，子夜活跃地看凤凰卫视的新闻。

中间活跃地想象策划与世界，品牌与生活，人与产品的关系。

一天天地活跃，一步步前进。

人生最大的幸福就是每天都能看到自己的进步和改变。

很多事情都是这样，你想去做就第一时间去做，不要顾虑太多，不要在乎别人的看法，做就做了，早做早成，当你做了，他人知道的时候，会被你吓一跳，这就对了，“吓他人和这个世界一大跳”就应该是你与众不同的策略。

一个同事说：“我出去抽一支烟。”

我说：“抽一支烟带一个想法回来，没有想法就别去抽烟。”

同事们都笑。

一低头，想法来了，举办一个中南海杯“一支烟一个点子”创意赛，奖品是100条中南海烟。

再一想，这个想法不健康，不能主张大家抽烟。

换。举办一个“一部电影10个点子”邀请赛，一次比赛不就能推出一本“点子集”吗?

想到室外抽烟。又是一个想法：室外冰箱。

走在街上，到处都能看到放在门外的冰箱，这些冰箱整天风吹雨淋，它们的使用年限会有多长呢？它们为什么不能是专为室外而设计的呢？

“室外鞋”可不可以创造呢？

“室外电脑”没有市场？

“室外手机”不想要？

“室外画家作品展”不可以办？

“室外设计师”不能有？

“室外笔”不能写？

你一定发现了，我的想法全来自我的生活，我的眼睛，我的联想，我的时刻准备着。

怎么才能有想法？

第一，你要随时随地都有想想法的欲望。

第二，你要从今天开始练习着“见物思物”，联系四方，链接想象。

第三，想本质。想对人的意义和价值。想这个世界的需要。

第四，站在外星球人角度想这个事到底是一个什么事，我们做的这一切到底为什么，我们的去向是什么。

第五，每天给自己设计一个主题，看到什么设计什么，看到一盆花，就想“一盆花的想法”，带着问题思考总比没有问题想法多。

第六，想得多，想法自然多。

很多公司都需要设立一个“想法科”，这个世界也需要培养“想法师”。

跟身体商量可不可以再给半小时。

身体不同意。

不能勉强。强扭的瓜不甜。

关机。睡觉。答应我想想法。

明天见。

可不可以

可不可以，制作一个“真话箱”，收集这个时代人民的真心话，放在箱子里，然后埋在地下，给后人一些启发和警示呢?

可不可以，开一家“一日一餐饭店”呢? 建立一日一餐档案，一日一思，一日一餐?

可不可以，给城里人设计一系列“山里衣”？

可不可以，让中央电视台开辟一个“国学频道”？

可不可以，在城市里修建一些“中速路”？

可不可以，建设一个“觉醒公园”？

可不可以，设立一个“农民节”，从根子上关心关爱一下农民?

可不可以，成立一个“中国文案学院”，培养顶尖文案?

可不可以，找一座桥做“放得下桥”？

可不可以，策划举办一个“借口展”？

可不可以，成立一个“你不是那个惟一受苦的人坚强会”？

可不可以，举办一个“23 点一刻一席谈”？

可不可以，创办一个“坏工作挑战网”？

可不可以，启动“送妈妈一部手机”计划?

可不可以，成立“女儿课堂”，给女儿们上一堂影响她们一生的做人课?

可不可以，开一家“半价超市”？

可不可以，在海岸成立一个“看书院”？

可不可以，创造一个“简朴连锁酒店”？

可不可以，让每一个人都知道他们每一个人都应该有一个属于自己的“工作室”？

可不可以，创意建设“时尚城中村”？

可不可以，举办一个“沙画学习班”？

可不可以，成立一个“野生活沙龙”？

可不可以，设立一个“远见策划奖”？

可不可以，在全国贫困地区建设“希望幼儿园”？

关于中国设计师的“十字谈”

怪：穿怪装，留怪头，脾气怪，行为怪。企图以怪给自己的设计增分。

偏：偏门，偏僻，偏执，偏作。

抄：抄国外，抄大师，抄同行，抄自己。

冷：冷脸，冷漠，冷门，冷箭。

圈：一头扎入一个小圈子。不愿出头，不想离开，自娱自乐，互相安慰。

傲：有作品傲，没作品说自己一定会有作品，也傲，听不进建议，建议他人走开。

平：平面设计师多，水平线上的设计师多。

私：都在“私设计”，鲜有“爱设计”，都在“公司设计”，鲜有“社会设计”。

师：都叫设计师，都是老师。其实，大部分都是学生。

图：到处找图，找样，找模板，不知道找地图，问自然。

中国设计最大的问题是设计师们在追求安全和不出错

这不是一个自由的世界。

这是一个谈自由精神很危险的时代。

人们都被套在自己的框框里跳不出来。

偶尔一跳也大部分又跳到了另一个框框。

这是一个放眼望去到处都是框框的城市。

到底是谁在阻碍我们追求真正的民主?

到底是谁在打击真正的创新?

全世界所有的人所有的国家所有的民族都想追求真正的民主。

可是遗憾的是好像没有一个国家的人民得到了他们真正想要的民主。

民主依然是外星球的东西。

不适合在地球上生存。

到底什么是政治? 政治是为了保证某些利益群体可持续发展的工具和手段。

民主指望不上，谈谈创新吧。

而今人走多了的路都变得一塌糊涂，风景全无，果实零星，垃圾遍地，尸骨凌乱，人山人海，人多的路正在变成“死路”。

大部分的人从生到死都是踩着他人的脚步走在前人走过的同一条路上，风平浪静，平淡无奇。

很多时候我们都知道要做什么，但是知道了以后，仍然不会去做。

因为那样做不安全，太危险。

上午跟两个设计师同事谈设计的事，我对他们的设计很不满意，不满意的原因是他们做的东西是“行货”，不出错，安全，没有问题，像个画册，让人拿在手里没有一点触动和感觉，知道是一本册子，放那吧，仅此而已。

这是中国大部分设计师的通病，尤其是有点规模的公司里的设计师们的长项，每个东西都做得对，做得四平八稳，不会让客户挑出什么大的毛病，但也不会让客户鼓掌嘉奖，画册大同小异，手提袋都一样，平面广告类同，产品包装相似，什么东西看上一眼都觉得似曾相识，好像在什么地方见过。

我跟同事们说：“为什么做本‘指南’就要用一个人戴着眼镜的画面做封面，为什么要用一个迷宫图形示意指南，为什么加一个盾牌，为什么不能设计一些简单的东西，这个世界已经够复杂了，大家都被烦透了，现在的人都不爱给自己添麻烦，都喜欢一目了然清新脱俗的东西，最好是再有点文化情调，你们为什么不去多看看日本人设计的东西，东方文化中有一条就是留白和至简，简单设计是一门哲学，不是那么容易掌握，真正的简单是最有力量和冲击的，简单出一种风格，简单到一种时尚，才是大师。”

同事们一边看着我一边笑。

我知道一定会有设计师不同意我的观点，会说做安全的东西，不出错的东西有什么不好，这是市场所需，有什么不对，客户喜欢就行。

不打击你不行，告诉你吧，客户不是喜欢，客户是暂时没有办法，一是自己的境界和层次还没那么高，不能去指导你怎么做，但并不表示他们不会变得越来越有品位和追求，不表示他们在内心深处认同你的作品。

没有一点风险和异议的东西就没有个性，没有个性的东西就不值一提。

画蛇添足与画龙不点睛一样不可行。

作品要给人力量，设计要改变世界。

跳不出框框，就破坏框框。

创意的下午："精神地垫"世界诞生记

你为什么没有创意？因为你一直觉得自己没有创意。

你为什么不漂亮？因为你从来没有觉得自己漂亮。

天气为什么这么热？因为你总是说天气热。

你不知道，创意可以学习，漂亮也可以练习。

只要有一个前提，就是"不满意身边的一切事物"，"不满意自己的装扮"。

想法子让自己满意。想办法把不满意的东西变成满意的东西，这个过程中就会产生一些想法，那些感觉自己很酷的人，把这些异想天开或成熟或青涩的想法叫做创意。

其实，你在一直被人忽略和忽悠，你本来也有创意，只是不曾觉悟。

去年种下青禾，今年成束成垛。

从今往后，不要怕，不要傻，想创意，用创意。

人生如此之美，事业如此良好，全因今日清醒。

在跟同事们开头脑风暴会的时候，我突然说：为什么 VI 系统中不能加上地垫设计，为什么我们见过的地垫上写的最多都是欢迎光临？为什么不能在地垫上写上"脚踏实地"，"特立独行"，"三人行，必有我师焉"，"步步高升"，"非诚勿扰"呢？

同事们眼睛一亮。

我大喜，这就是我的创意人生：找到自己最擅长的事情，然后持之以恒、乐此不疲地去把它做好。一刹那给这个世界创造出了一个新事物，给人生带来了一股新力量，“精神地垫”诞生了。

“精神地垫”上可以写上的精神语句丰富多彩：一步到位、立足中国、踏雪寻梅、捷足先登、足音空谷；千里之行，始于足下；百尺竿头，更进一步；飞黄腾达，给她一点爱，面朝大海，春暖花开；儿行千里母担忧，不再让你孤单，唱歌给你听；下一步，更坚定；你还有什么未完成的梦想；驾驭人生、纷至沓来、踏歌起舞、健步如飞、独步天下、步步为营、君子阔步、平步青云、信步而行、七步成诗、跬步千里、稳步前进、视远步高、百步穿杨、行云流水、行成于思、日月同行、嘉言善行；迈向新大陆，一直在跨界、越界；先生止步、美女快跑、厉行节约、高山景行、天马行空、开天辟地、顶天立地；爱情起跑线，谨言慎行；站得高，看得远；开启新旅程，踏上幸福大道；低头微笑，抬头看天、老公；慢点，成功之路，星光大道，音乐之声；站得直，走得正……

这是我的创意，省略号后面的创意应该是你的。不是我自私，我写出来当然是想与你分享，但我给你的分享，始终赶不上你能从中受到启发，想到自己的创意，你可以现在就去设计制作“精神地垫”，营销推广，我想市场反馈一定不错，销量一定不小。一样的价钱，干吗不买一份精神力量回家呢？

天地万物哪有我们应该就此满意的，哪个不值得去颠覆去打破去创意？

你没有创意，是因为你脚不够落地，心没有起飞。

第二篇

品牌、企业与营销

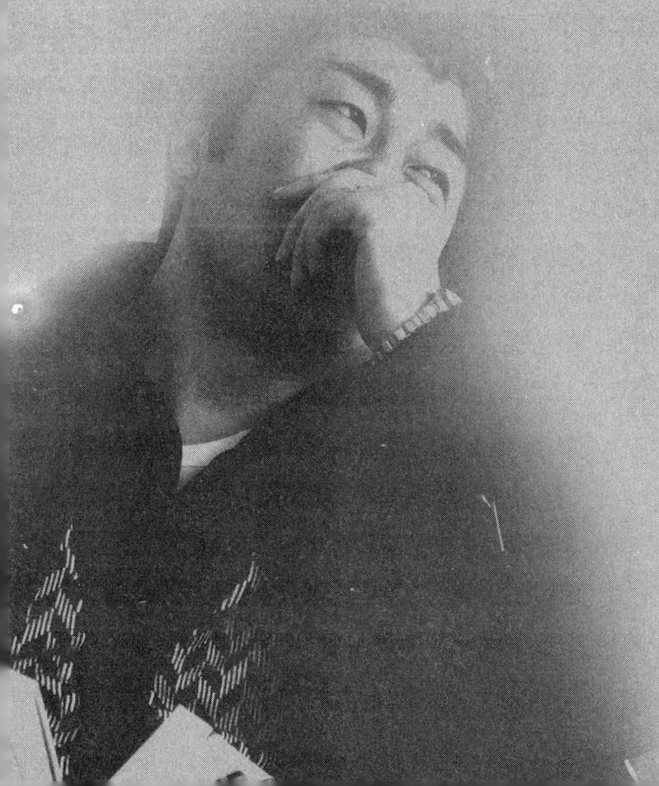

品牌即品牌人

周六，周日，周一。

我并没觉得这有什么区别。

很多人会欢呼雀跃终于迎来了周末。

我这个人就是讨厌，我会说那些欢呼雀跃度周末的人都是没有大希望的人。

因为他们活着跟大多数人一样。

现在有一个不好的现象就是很多年轻人都说我就是要过平凡人的日子，干嘛要成功，成功又能怎样，我就是要舒舒服服地过每一天。

不明就里的很多人都会跟风支持。

傻瓜式的甘于平凡的一代诞生了。

原来大多数的平凡人是因为他们心里不想追求什么出类拔萃，所以才平凡的。

你想要什么会得到什么。

你不想要什么什么也得不到。

众所周知，有独到之处的人才有机会成为明星。

是什么造就了一个明星？是外形、个性以及风格的组合。

明星是什么？

明星不就是品牌吗？

品牌不就是一个活生生的人吗？

新人需要新衣服。

新产品不也需要新包装吗?

一个人有了新衣服，他看起来已经不一样了，但这还不行，必须要穿出自己的风格，让人一看他的装扮就知道他是一个与众不同的人，一看风格就知道他是谁。

假设你还想让更多人对你感兴趣都来关注你，你必须还得有鲜明的个性，有的人说话很犀利，很直接，这就是他的个性，有的人不爱抛头露面，但一出现就会技惊四座，这也是他的个性。

品牌即人。

人是这样，品牌也是这样。

一个品牌必须要有一个让人印象深刻的包装，衣服即沟通，表情即语言，有了包装，接下来就是塑造品牌个性和品牌风格了。

让品牌有点小脾气小情调小幽默小可爱，还是让品牌有点大腕感觉，一出场必须是墨镜围巾加上前簇后拥的保镖和粉丝的尖叫声，或者是静水深流不怒自威的大师风范，这要看你的想象力有多大了。

想象力要尽的义务就是帮助我们摆脱前人走过的道路。

现实是懂品牌的越来越懂品牌，有市场的品牌越来越有市场。

相信有一天那些把品牌当成品名当成广告的企业，在用尽了所有的促销手段之后，会求助于梦想的力量，会明白品牌即人，品牌就像一个有非凡魅力的大明星，他的一举一动他的穿着打扮他的生活和工作都是那么的截然不同，都是那么品德高尚品位脱俗。

一个品牌成事的基础是什么?

是信誉。有了信誉就会赢得信任，有了信任就会得到一切。

没有赢得信任的品牌就像一个没有人信任的人，注定寸步难行。

除了经营人生创造品牌做什么都是假的。

中国品牌“十败谈”

一、品质差

恨得你咬牙切齿的国际品牌在中国打天下靠的就是“品质过硬”和“品位突出”这两招，竞争越激烈，品质越重要，产品力是企业第一竞争力，品质差是中国品牌第一失败点。

二、形象土

名字难听。LOGO 难看。衣服过季。表演落伍。不怕不识货，就怕货比货。

三、丢本质

干了多少年，不知道自己是谁，自己为什么要干这件事，自己为什么要起这个名字，自己的长项是什么，不知道品牌的本质是什么，不知道市场竞争的本质是什么，更不知道“本质经营”的本质是什么。

四、伪国际

大多数中国的企业家都张口闭口国际化，大多数中国的消费者都“崇洋媚外”，所以造成大多数中国品牌都在“伪国际化”，消费者之所以偏爱国际品牌，是因为他们相信国际品牌的品质和品位比中国品牌的好，他们不是为了买“洋品牌”而买“洋品牌”，他们是在买市场上同类产品中品质和品位最好的产品，所以，建议中国品牌商们要把功夫下在产品品质和品牌品位上，而不是只下在徒有其表的“国际化包装”上。

五、没灵魂

而今你跟很多中国企业家谈品牌故事、品牌价值、品牌概念、品牌哲学，他们总是满眼迷茫，心里一定在想：别跟我扯这些没用的了，告诉我你的方法是什么，怎么让我们的产品销量翻番，他们永远不知道“产品营销”和“品牌营销”的区别，一个是在卖产品，一个是在卖产品的“集体优势”，不知道今天的消费者开始主动选择那些跟自己价值观相同的品牌，通过选择使用某些品牌来显示自己的个性、自己的身份、自己的品位、自己的主张，甚至通过某些品牌来定义自己是谁。没有灵魂的品牌只是品名。

六、创新慢

思想创新，概念创新，技术创新，设计创新，管理创新，营销创新，品类创新，传播创新，等等。所有的创新在大部分中国品牌身上体现的都是“雷声大雨点小”，甚至是“干打雷不下雨”，连创新都谈不上。中国品牌如何打败国际品牌？如果不照镜子，人们总是看不到自己。

七、重私利

企业家重自己的家族私利，中层干部重自己的部门私利，员工们则私心杂念，有便宜就占，有空子就钻，企业本身又崇尚盈利大于一切，企业利益大于一切，这样的企业什么干不出来？

八、欠贡献

中国企业家最怕你跟他谈社会责任，谈回报社会，他总是说我交了税我雇了人就是回报社会了，他们永远不知道“你的企业要想做大做强，你的品牌要想行销天下，你的企业的一举一动所作所为必须充分体现利国利民的原则，必须与社会和谐相处，而且为了被社会接受，你还必须为社会发展做出贡献，为了解决某个社会问题贡献力量，大多数失败的企业就是因为没有保持好这一平衡，只考虑公司的利益，毫无疑问早晚会招致失败”。

九、善虚夸

不说别的，打开你们的企业画册，翻开你们的品牌广告，扪心自问，你们说了多少谎话，编了多少数据，画了多少大饼，时间长了，你是什么样的企业，谁还不知道，而今的消费者最喜欢的是那些能够体现“公开、公正、平实、诚恳”精神的品牌。

十、无认同

如今，品牌成功的关键在于品牌能否与消费者建立联系，激发消费者对品牌的认同感。认同感取决于感情、依赖和联系。为此你又做了什么。

营销不是“北风”，营销是“太阳”

天真的暖和了。

眼看着美女们的衣服一件一件地往下脱，很多男人都按捺不住了。

这是做男人的快乐。

相信也是女人们的爱好。

你一定听过这个故事：太阳和北风想要比试谁的本事大，它们商量说，谁能让那个行人把衣服脱下来谁就获胜，北风先来，它使劲地吹着行人，可是风越大行人把衣服捂得越紧，风泄气了。太阳说你看我的，它不断地发散着和煦的阳光，行人慢慢地脱下了衣服，脸上露出了舒服的表情。

这不就跟营销的道理一样吗？你越是想尽一切办法不择手段地推销你的产品，消费者越不喜欢你的产品，越反感你的行为。

反而你创造出了让消费者获益良多的产品，通过与众不同的展示爱、表达爱的方式介绍了你的产品，说明了你的产品与他们的关系，消费者不但会很乐意购买，甚至还会口口相传成为你的粉丝。

这就是两种营销模式，一种是北风模式，硬来；一种是太阳模式，感化。

一种是在卖东西，一种是在释放爱。

遗憾的是，绝大部分中国企业采用的都是北风模式，使劲鼓噪，使劲叫卖，使劲自夸，使劲促销。

几乎每天早晨我都能在“中国之声”上听到平安车险和人保车险的连绵不断的广告。

平安车险的广告中有一句话：比过才知平安好。

其实，比广告就已经知道人保车险要比平安车险好了。

你会问我为什么?

因为平安车险的广告全是站在自己的角度夸自己有多优秀有多出众，人保车险的广告却偶有一两个站在消费者的角度来讲述消费者与车险的关系和故事，表达消费者的车险情感，平安车险的广告是“私广告”，人保车险的广告基本上算是“我广告”。

一个卖“自私”，一个卖“公益”。我当然会选人保车险了。

平安车险一定不服，市场份额会让你心服口服。

你们到现在还不知道这个世界的未来一定是一个“共益世界”，这个社会的前途一定是“共益社会”，营销的明天一定是“共益营销”，品牌的将来一定是“共益品牌”。

评判一个企业发展前景如何，会不会成为基业长青的企业，首先要看这个企业的所作所为是不是朝着“共益”而去，是不是有益于社会，有益于消费者，有益于企业本身，企业主是不是把企业当成了一个“造福人类，改变世界”从而还能名利双收的工具。

若按这个标准评判中国企业，可悲的是，大部分中国企业都不具备基业长青的因素，都不可能成为百年老店，在未来应对世界品牌的竞争中也显然没有任何优势可谈。

什么时候中国企业家能由衷地认同“共益营销”的理念，生产“益产品”，提供“益服务”，实行“益管理”，发扬“益文化”，传播“益广告”，建设“益企业”，中国企业才能真正走向世界，中国品牌才能真正受到全世界消费者的尊敬和热爱，中国营销才能拥有独特的“益能”。

眼下说这些好像很天真，大部分的中国企业都在一如既往地激烈拼杀抢占市场，他们怎么可能相信“抢夺战略”只能小成，赚点眼前利益，“造福战略”才能大成，获得长久利益。

你到一个市场不是来占山头抢地盘的，你是来造福当地百姓和合作伙伴的，你是来送温暖的，不是来占便宜的。

你要成为太阳。

你成为了太阳，这个世界才离不开你。

“龙营销”元年，你在做什么

路易威登给我发来新春祝福卡：神龙举云，庆新春；龙盘凤逸，心相印；鱼升龙门，财运旺；龙神马壮，节节高；祝愿您在2012年里身体健康，万事如意，笑口常开，龙年行大运！

看着这张贺卡，我心里像菜市场，比较复杂。

大题目都让这些国际大品牌“借题发挥”了。

真东西都让他们卖成钱了。

而中国的营销界就像婴儿学走路，一切才刚开始。

LV早有准备，在大部分中国企业家忙着安排国外度假、假期奢靡生活内容的时候，LV的“龙营销”已经启动了，在大部分国人感叹一年过得真快转眼就是龙年的时候，LV的贺卡已经发给了它的每一个顾客，带去了新春的祝福，更重要的是带去了LV的独特情感世界，让每一个拥有LV产品的人感受到了“一个阶层的品位生活”，增强了每一个LV顾客的忠诚度和美誉度，提醒了每一个顾客继续钟爱LV购买LV。

也许有人会说不就是一张贺卡吗，有什么大不了的，我们也经常给客户发贺卡呀。我是想说，他们不断发来了贺卡，他们的官网也在宣扬龙的文化，感召龙的传人，就连他的店面也做了龙的主题，产品更是延展了龙的精神。

我不知道我们的大部分中国企业在干什么？

我不知道在保洁人员刚刚清扫整理后的房间里为什么还需要我抽一张纸重新把柜子擦拭干净？

我不知道一个到处都能看到干什么都干不彻底，干什么都差不多，都不专业，都能偷懒就偷懒的人的国度里，我们每天要多恼火?

我们都说自己是龙的传人，龙的传人是不是应该知道什么是龙，龙的精神、龙的力量、龙的智慧、龙的文化是不是也应该明了?

就是这些我们不了解，是不是也应该学会“龙营销”，策划龙，营销龙呢?

建议服装厂家创新“龙袍”;

建议汽车厂家推出“龙驾”;

建议门窗厂家创造“龙门”;

建议平面媒体编辑“龙报”;

建议“龙城”太原营销推广龙城概念;

建议眼镜厂家推出“龙眼”;

建议国家在全世界传播“中国龙，世界梦”;

建议婴儿用品厂家开设“龙娃专柜”;

建议文化部成立“龙文化研究院”;

建议央视举办“龙的传人龙年大典”;

建议外交部举办“世界龙的传人大会”;

建议教育部启动“龙子龙女培训计划”;

建议国防部利用“龙马精神”威武士气;

建议劳动部评选“人中之龙”，倡导自强不息勤劳致富;

建议地方政府推动“龙文化产业”的发展;

这就是中国。

我一直在想，哪怕只有一个晚上，只有一个晚上，我们这些龙子龙孙们能够相聚在一起，为我们都是龙的传人而激动而热泪盈眶，为我们都在坚强地活着而一言难尽，为我们的狭隘和罪恶而忏悔，为我们的卑劣和无知而低头认错，为我们失去的情义和道德而羞愧，为我们能够重新相拥相亲相爱从此不再互相欺骗互相伤害互相嫉妒互相斗争而彻夜难眠就够了。

只有一个这样的夜晚，就够了。

从前人靠衣装，现在人靠牌子

时间长了不写一篇大文章总感觉不舒服。

觉得欠大家的。

有的朋友差不多看了我五年的博客，有的朋友差不多每天都会来一趟。

我当然知道你们会每天都在猜今天徐大伟会写点什么跟我们分享呢?

会不会又是凑一个“想法段子”呢?

说实话，我每天的压力都很大，不但今天要想写什么，还要准备明天要写什么，写什么才能让大家觉得不虚此行，有所收获，写什么才能让大家不觉得我的水平差能力低。

其实，我要给我的那些“想法段子”，那些看似很简单很短小的文章打抱不平，不要小看它们，它们才是创意的源泉，我的精华。

这些日子一直很想海。

一直没有时间去看海。

你也许不会理解一个从小在海边长大的人他与海的关系，他们之间的情感瓜葛有多深。曾有多少故事。

此刻，我只能边听着《我的海洋》边写我的博客。

这个世界有一个真理：看人下菜。

判断一个人是什么样的人，然后再用不同的方式对待。

从前人靠衣装，现在人靠牌子。

我们看一个人会看他穿什么牌子的衣服，他提什么牌子的包，他用什么牌子的名片夹，他戴什么牌子的表，他开什么牌子的车，甚至他喝什么牌子的水，根据这些来判断他是一个什么阶层的人，他有钱没钱有品位没品位有权没权。

这就是奢侈品越来越被中国消费者追捧的原因。

中国人最讲面子。

外表的东西一定要做好，你是谁不重要，重要的是你看起来像谁；你有钱没钱不重要，重要的是你要看起来有钱；你有能力没能力不重要，重要的是你要看起来有能力。

人人都希望自己有身份有地位，人人都希望自己看起来更有魅力更有前途，人人都希望证明这一切，所以都需要一些东西来当证据，证明自己是一个成功的人。

而在今天这些证据就是牌子。

因为大部分人都会认为一个被世界名牌所包围的人一定是一个非富即贵的人。

人越来越依赖牌子。

唯有牌子才能让自己出众。尽管这样说不完全对。

但大部分人都会觉得牌子可以说明一切。

既然如此，你的企业有牌子吗？你的产品算个牌子吗？你的牌子够大够强吗？若你到今天还没有牌子，你的企业还有未来吗？

而今不光衣装需要牌子，做什么都需要牌子，无论是找速递还是请保洁，大家都会选择牌子，不管是旅行还是购物，依然是认牌子。

不是所有的企业名字产品名称都是牌子，只有那些能够给消费者脸上贴金的品牌才算是牌子。

所以中国企业，你们需要赶紧行动起来提升你们的品牌价值，丰满你们的品牌内涵，提炼你们的品牌精神，彰显你们的品牌文化，宣扬你们的品牌主张，高尚你们的品牌形象，早点成为一个牌子啊。

中国代工企业如何转型做品牌

一、起名字。你的品牌名称是什么，代表你的境界和本质是什么，甚至能代表你们是一些什么样的人，你们的梦想是什么，你们能够走多远，你们是不是真的有爱。

二、做定位。做定位就是找自己，找到自己最擅长的领域，自己最喜欢做的事情，想清楚做什么能够出类拔萃，做什么能够名利双收，做什么才是最有竞争力的，做什么才是大有前途的。

三、赋予品牌灵魂和理念。你是做钢笔的，你这个钢笔除了品质之外还想给消费者什么样的精神体验，你想让他们怎样感受你和你的品牌，你想给他们传达什么样的品牌精神和理念，你想让他们“拥有大写的人生”，还是想让他们“书写梦想”。

四、挖掘品牌价值。品牌价值就是顾客的购买理由和崇拜原因。

五、确立品牌个性。如果你真的打算做一个与众不同的品牌，就必须保持个性，没有个性就不是品牌。

六、设计品牌 LOGO 和包装。给你的品牌设计一个让人过目难忘的有品位有意义的符号，最好是这个世界上独一无二的。包装就是风格，设计就是重树。

七、提炼品牌口号。消费者都在听你说了什么，看你做了什么，你有什么，你意味着什么，你主张什么，根据这些，想一句脱俗真实的口号。

八、商业模式和渠道规划设计。你赚钱的方法是什么，你要给谁提供价值，你用什么办法找到他们打动他们并赢得他们，这当然需要你不凡的策划和创意。

九、品牌传播推广。网络互动、电子商务、公关活动、广告投放、总裁传播、品牌故事讲述、代言人推荐、口碑宣传、深度体验、厂区形象设计、企业形象展示、社会公益活动、新品上市、新店开业、店员风采、企业文化都是品牌传播的窗口和消费者感受品牌精神和文化的触点。

十、启动品牌营销。而今百分之九十九的中国企业都是在做“产品营销”，他们根本不懂得什么叫“品牌营销”，生产汽车的在卖汽车，不知道卖消费者内心的火焰，床上用品厂家只知道卖床单，不知道卖爱的狂欢，卖手机的厂家就知道价格战，不知道个性战。你终究要知道“产品”本身并不值钱，值钱的是品牌给消费者的信任感、认同感、时尚感、受宠感、身份感和惊喜感。

给中国网商的十条营销建议

一、你的网站就是一个游乐园，你要有不同的主题，不同有趣的指引和去处，还要有幽默感。

二、你的网站应该有一个人性化的卡通形象，要有一个符号，最好让这个符号有可爱的性格和酷酷的样子。

三、你的网站最好跟艺术发生关系，最好成为“五感网站”，让网站值得“逛”，流连忘返，打造一个“逛店”而不是网站。

四、你要旗帜鲜明地告诉消费者你是谁，你的主张是什么，你的品牌代表什么，你的品牌故事是什么，你想跟大家分享什么。

五、你不能放过任何一次与消费者互动交流产生联结的机会，你要在网站上不断地创造一些让消费者说出真心话，表达情感的港湾和窗口。

六、你销售的每一件产品都应该是一件礼物，都应该有礼物般的包装，送到消费者手中的产品在打开的那一刹那都应该给消费者惊喜，因为消费者在产品之外看到了你的一点小创意和小温暖。

七、你的网站一定是有情有义的人在打理，不是冷冰冰的机器和程序，你对消费者的服务一定要比实体商场还要有温度和灵活性，让每个消费者都知道网站的那一头有一个人永远都不会欺骗他们，永远都“站在我的这一面”。

八、你的网站导航设计和速度就等于你的销售，美妙的导航系统，商品和服务的清晰显示，非凡脱俗的标识图案设计，畅快的速度，这些都决定了你的销量。

九、你的网站还一定要是一个“公益平台”，它甚至是一个改变世界的行动的发起者和组织者，你要让你的网站成为商家和消费者付出爱、享受爱的大舞台。

十、有些事情你不得不从头再来，用新的标识、包装和店铺设计体现出来的品牌形象，创新、平易近人的价格加上独特的风格，会让你的品牌成为消费者的宠儿，不管他们的钱包里有多少钱。

电影怎么营销

我的司机说：徐总你看，才四点半就堵车了，一直能堵到八点多。

我说：这不就是北京吗。

就在这样一个堵车的周日，我去北京富力万丽酒店参加了由国家创推委主办的“2011 中国电影产业创新高峰论坛”。

听了言，发了言，突然发现中国电影业也“堵车”了。

而且还堵得很严重，从北京一直堵到港台，堵到釜山，堵到好莱坞。

在刚刚结束的釜山电影节中，华语电影颗粒无收。

这不奇怪。再次证明“华语”根本没有掌握“话语”。

中国电影当今的发展现状是“一大一小”两个极端，一大是指大导演、大明星、大制作、大投入、大传播；一小是指“微电影”正走在企图流行的路上。

我们看到业内大腕和大鳄们垄断中国电影优势资源的步伐，几乎没有松弛的迹象，导致大量的中国中小导演、中小明星们无人理睬，吃糠咽菜，出卖自尊，不被支持，所以，就有了崔永元最近发起启动的“新锐导演支持计划”，因为一个爱电影做电影的正直之士真的很难容忍这个中国电影畸形发展，电影创新能力急剧下降的可怕现实。

其实，现在的电影哪里还是电影，早就成了“钱影”。

一个著名的电影投资人在会上张口就说：我们拍电影就是为了赚钱，电影是赚钱的工具。

我发言的时候给了他坚决的打击，我说：有的投资人和电影人说我们拍电影就是为了赚钱，这是多么急功近利的目的，为什么中国电影走不出国门，为什么中国缺乏好电影，这就是病根，电影人、投资人拍电影是为了赚钱，不是为了梦想，不是为了责任和担当，更不是为了通过一部电影给予人类力量和希望。

想赚钱当然没错，但有没有想过一部电影怎样才能赚钱，赚钱的前提是不是应该先“赚人”，赚取人的关注和喜爱，是不是应该先研究人，研究人的物质世界和精神世界之间需要一个什么样的桥梁，研究如何来创意建设这个桥梁，如何博得众人赏心悦目，才是电影人、投资人首先考虑的事情，从这个意义上讲，是不是可以说拍电影的目的就是为了给人类创造一个介乎物质世界和精神世界之间的美丽空间和欣喜可能呢?

在大电影和微电影之间是不是还有可能？各界专家、学者、领导就还没开拍就影响不小的中国第一部通过创新产权融资模式运营的电影《大唐玄机图》展开了深入讨论，我说这个全民可以投资、全民能够参与、全民共享投资成果的电影拍摄模式，应该叫“民电影”，中国电影从此进入了“全民合拍电影时代”，进入了“民做主，民投资”的“民电影时代”，今天这个会议的主题不对，应该改成“中国‘民电影’发展高峰论坛”，主办方的领导在台下笑。

其实，电影的品类还有很多，不知道什么时候才能看到各大院线上映的免费观看的“广告电影”，大大方方地告诉观众这个电影中所有道具所有场地所有服装都是由商家赞助提供的，所以这部电影不卖票，商家们请客，观众可以免费欣赏。

城市营销电影、国家电影、传记电影、家族电影、企业电影、恋爱电影、招聘电影，也不知道何时才能看到?

我给《大唐玄机图》电影营销的三个建议：

一是做好“公益营销”，做到电影本身利国利民利己，在全国启动“民电影推广工程”，融入民意，融得民资，融通民智，得到政府支持，专家点头，百姓鼓掌。

二是做好“城市营销”，现在电影与政府之间的合作大部分还停留在“取景”的低级阶段，下一步要与城市深度合作，取城市文化，取城市精神，取城市气质，取城市价值观，给政府提供一个城市整合影视营销方案，这样，城市对你的电影的支持就不是请吃个饭，配合一下而已，他们会变得心甘情愿地出钱出人出力了。

三是做好“国货营销”，既然是讲述大唐盛世的奇异故事，那么就应该多整合几个中国品牌，全面立体合作，共同通过这部电影来推广宣扬中华灿烂文明、中国智慧和中国品格。

电影是什么?

电影是一个人心换人心的道德产业。

“国货策划”当自强

这是一个很难写的题目。

开弓没有回头箭。

云在青天水在瓶。

人的一生都是在寻求各就各位中度过的。

你的位置，取决于你。

有人会说我说得不对。

这也取决你。对不对，你可以给你自己做主。

但你做不了这个事情的主。对就是对，错就是错。

你把对的事情说成错，遭罪受罚的是你自己。

心无挂碍，对准正确的方向勇往直前，立志、立愿而能恒持，才是宝贵的智慧才华。

说到智慧，中国称得上“世界智慧王国”，从古到今，智人大德不计其数。

但平摊到每个人头上，中国还是一个“世界智慧穷国”。

我们的年轻人缺乏智慧，我们的官员缺乏智慧，我们的村民缺乏智慧，我们的市民更多的是小聪明，我们的企业家缺乏智慧，我们的产品缺乏智慧，我们的广告缺乏智慧，我们的交通缺乏智慧，我们的公共事业缺乏智慧，我们的政府缺乏智慧，我们的舆论缺乏智慧，我们的媒体缺乏智慧。

缺乏智慧的国人走到哪里都让人看不起。

在米兰的一个餐厅里，一个外国老太太极其反感地看着我们这些中国人，因为我们这些中国人说话的声音实在是太大了，太吵了，打扰了她一个人安静浪漫的烛光晚餐。

我看了她一眼，就知道我们的差距实在是太大了，这个老太太恐怕到离开这个世界的最后一天都不会原谅我们这些粗声粗气的中国人，恐怕永远都讨厌我们。

看着巴黎老佛爷百货商场里奢侈品店里人头攒动的中国人，看着眼睛不眨一下指着柜台里的表，不到三分钟买了两块卡地亚男表，一结账二十七万元的东北大姐，我就知道我们这些在国外的中国人都失态了。

一个巴黎绅士从我身边走过，看着堆在我座椅前面的大包小包的GUCCI、PRADA、CHANEL、LV、BURBERRY、豪雅、万宝龙、劳力士、宝玑，露出了吃惊的样子，看着我笑。我想跟他解释一下说，这不是我一个人买的，是团友们共同买的，我只不过是在照看这些东西，他们还在疯狂扫货，可一想，算了，老外才分不清谁是谁。干脆什么不也说，也看他，也微笑。我知道，他心里在想什么，他一定想，这些中国人真有钱，出国就是购买奢侈品，什么贵买什么。

我还知道现在的很多外国人看中国人，就像我们看山西的煤老板一样，就是有钱，除了钱啥都没有。

就像每个中国人都羡慕山西的煤老板，但每一个人骨子里却都瞧不起他们，都觉得他们是暴发户，没素质，没品位，大多数发达国家的人也都是这样看我们这些到了他们的国家拼命购物的中国人。他们可能嫉妒我们，但心里一定看不上我们，不愿意与我们对话，不愿意与我们为伍。看不起我们的人，更看不起中国人生产的产品，尽管他们日常使用的一些东西已经很多都是中国制造，但他们还是对中国制造、中国产品、中国品牌、中国企业没有什么好印象。

所以，这就说到了点子上。中国制造，中国产品，中国品牌，中国企业，怎么让外国人看得起，怎么让国人信得过，中国企业该做什么?

做一件事情最关键的是两个步骤：一个是看本质，一个是看未来。

中国产品差本质上是四个方面差：品质、品位、品德、品行差。

四品差，所以差。

之前我常说一句话：东方的营销智慧是卖西方。

现在我想说，我之前说的那句话不对，应该是：东方的营销智慧是卖西方加东方。

既然如此，我就在想，是时候成立一个“国货会”，设计“国货”标示，启动“国货推广工程”，开始“国货认证”，展开“国货策划”了，给真正具有东方精神和中国特色的中国良品打造一个走向世界的舞台，让我们的国货在世界的舞台上跳出东方气质，展现西方审美下的美丽身姿，弥补文明的落差，赢得东西方人的共同青睐，给中国制造、中国产品、中国品牌、中国企业创造出一条横跨东西不分国界打破种族的共荣之路。

可是，问题是真正的“国货”是什么呢？谁能算上真正代表中国的“国货”呢？

心里放不下别人，是没有慈悲；心里放不下自己，是没有智慧。

我们一定会找到答案。

企业为什么不懂得利用艺术

志向的大小决定了事业的大小。

想不到就做不到。

中国为什么没有影响世界的企业，因为中国没有影响世界的企业家。

中国的演员为什么一直得不到国际大奖，因为他们心里缺少对人类和世界的爱。

成功的实业家总是能清晰描述出自己达成目标、成功之后的样子。

成功的演员总是能看到自己在荧屏上的特写。

什么叫艺术家?

艺术家就是特立独行的人。

什么叫大众?

大众就是人云亦云随波逐流的人。

很多人为什么喜欢艺术家，疯狂地购买艺术家的作品?

因为他们知道自己是大众，只有拥有了艺术家的作品，也许才能提升一下他们的人生品位，打开他们的一片新天地。

人就是这样，自己没有的东西，就拼命地去花钱买。

却不知道花钱可以买回一幅作品，可买不回人品，强烈的个性、与众不同的性格、美丽的心灵、天马行空的想象、一意孤行的坚持、远离主流的勇气，才华横流的无羁更是你花多少钱都买不回来的东西，你的人生只能靠你自己修炼。

八十四岁的美国钢琴家汉克·琼斯说:“大家为我鼓掌喝彩，这是我人生中最大的鼓励。下周，我还会在此演奏，还会演奏同样的曲目。但是，在下次的演出到来之前，我会每天认真练习，努力为大家奉献更美好的音乐。如果下周有时间，请一定再来。”

在这个世界上总是有一些人坚信“明天会做得更好”，从来没有停下努力的脚步，一路走来，最终成为了“大师”，书写了历史。

你呢？企业家？你不需要跟艺术家学习吗？经营一个企业不也是一门特立独行的艺术吗？

有没有想过，你的企业也可以赞助艺术，艺术也可以助力你的企业？

有没有想过一位钢琴家怎么和你的企业合作，你们之间的合作会诞生出什么样的商业创意？

钢琴餐厅、钢琴家大厦、钢琴家出租车、钢琴乡村计划、《钢琴一刻》、钢琴运动会、钢琴斑马线，可以吗？

联想电脑何不请表演艺术家李保田设计一台“个性电脑”呢？不可思议吗？

中华汽车何不请艺术家蔡国强设计一辆“烟花汽车”呢？闻所未闻？

张裕葡萄酒何不请意大利艺术家马蒂奥·巴西莱设计包装呢？

娃哈哈何不请冯小刚设计一款饮料瓶呢？

康师傅何不请日本艺术家村上隆设计大桶面呢？

百丽鞋业何不请汪峰设计“音乐家的鞋子”呢？

万科何不请书法家沈鹏设计“大写意生活区”呢？

摄影家芭芭拉·摩根说：“光给了我创意的形状和脚本，也是我成为摄影师的原因。”

我想，艺术也给了企业足够的创意的原料和无限想象的力量，接下来，我们把时间留给中国的企业家们，看看他们会怎么做？

擅长利用艺术的商人才是企业家。

一个真正的企业家像真正的诗人或真正的画家那样少见。

不懂艺术的企业家就只是一个商人。

哪个企业不需要一个“指导员”

每天都可以死去，每天都可以给自己举办一个小小的葬礼，每天都可以痛改前非重新开始，每天都是黄金时光。

很多人一辈子都在等待生命的最后一刻，不到那一刻，他就认为什么都不可能重来，什么都不可能改变，这样一拖再拖的性格，成全了他伤痕累累欲哭无泪的一生。

其实，我们哪个人又不是生活的学生，人生的实习者，我们哪个人不需要学得从容一点，干净一点，智慧一点，通透一点。

其实，我们随时可以重新开始，只要我们有心改变，用心突破，一切都会充满希望。

只是，大多数人都毕不了业，拿不到高分，在自己的自私安慰中化为平凡，化为过客，来去匆匆，一无所获，了无贡献。

人是如此，企业人又岂不如此?

每天都在与企业家打交道，时间长了，彼此熟识，互相能够看出更多毛病。

我看一个企业家的好坏，有自己的一套方法，我会首先看这个企业家开会的时候是不是带着本子，是不是会翻开本子，边听边记，还是只握着一个水杯走进会议室坐在那里光听不记；接着看他是不是善于倾听，是不是会让他的下属无所顾忌地表达观点；然后是看这个企业家对他的同事或者司机、秘书、服务人员什么态度。

从这三个方面，我就能大概看清楚一个企业家的品质。

得出结论，事后再看，我的判断绝大部分都是正确的。

其实，企业家不也是学生吗？不也有很多营销策划、品牌定位、市场推广、公关活动方面的问题不太明白，不太擅长吗？

难道就因为他们有了一些钱，做了一些成功的事情就认为他们是“万能人”、“百事通”、“常胜将军”了吗？

所以，面对企业家我总是：毫不客气，毫不保留。

为此得罪了很多企业家，得罪了很多同行，很多人总是会对我说：徐老师，您能不能不这么犀利，不这么直接呀，能不能换种表达方式，换种说法，委婉地说出企业的问题呀，您总是这样一针见血，他们都是大老板，平时说一不二，身价几十亿，怎么可能受得了呢？

他们说得当然对，但是我依然改不了我的风格，就像我讲话速度快，很多节目编导跟我说：徐老师，你语速稍微放慢一点，就更棒了。可是我会对他们说：语速放慢了，激情减了，那就不是我了。他们总是笑，只好忍了我。

我的犀利和直言不讳当然给我惹了不少麻烦，让我失掉了一些客户，但同样也结交了不少听得进异见的真朋友，我们无话不说，他们的任何问题，我都会直接指出，他们也能欣然接受，我说得偏颇的地方，他们也会与我争执，其实，我就喜欢这样的交流，这种交流才是畅通无误直达目的地的。

还有同事会跟我说：“徐总，您下次谈客户不能什么都跟他们讲啊，不能把好多策略想法都一股脑地给他们，谁知道他们是不是真有诚意呀。”

我总是笑着说：“没关系，我们不是擅长‘公益策划’吗，毫不保留完全开放地跟他们谈观点谈战略谈方法谈执行，就是他们没有诚意付费让我们做策划，起码对他们也是有所帮助和启发的，这也算是公益策划啊。”

同事们笑，心里肯定在想跟着这么一个天真的老板真是没办法。

其实，哪个企业不需要一个“指导员”？哪个企业家不需要一个“策划家”朋友？

尽管这样说，有点自我营销的意思。其实自我营销也没有什么不对。

好茶还要知己尝。

每一个有梦想的企业都应该设立一个“国际部”

我真想在北京开设一辆“人人梦想车”走街串巷收集人们的各色梦想，然后再举办首届“北京人梦想展”，然后评出“北京人的100个梦想”，成立一个“梦想营销公司”，运营梦想，实现梦想。

也许你会说我这个人真理想化。

化理想为现实。这就是我。

今天你不信，后天你不信。大后天我都做了。

你信不信都是这样。

当我们忘记了最简单的事情，我们就犯下了最糟糕的错误。

你的梦想是什么呢?

你还在经常说你的梦想吗?

你还会一提到自己的梦想就激情张扬吗?

作为一个企业家，你知道你企业的梦想是什么吗?

很多人都认为企业的国际化战略就是指企业走出国门开始国际市场发展，其实这是一个误解，国际化不是说你的产品必须要行销世界，不是说你的企业必须要在国外建厂，国际化是一个企业发展壮大的助推器和增值机。

你的产品没有出口国外，你的企业没有开辟国际市场，但是，没有人不让你整合全球优势资源在国内做一个“国际企业”。

残酷的市场会让你发现你还没有出去，很多国外品牌就都进来了，他们的到来必定要求你增长能力脱胎换骨，逼着你要有国际竞争力，国际影响力。所以，不想“国际化”发展的企业已经很少有翻牌的机会了。

每一个有梦想的企业都应该在企业中设立一个“国际部”。

洞察、收集、调研、整理、研究、考察、分析国际同行的科研成果、发展状况、营销趋势、产业动态、宝贵经验、思想结晶、产品创新、市场突破、市场运作、渠道管理、企业文化、社会形象、公司精神、品牌哲学、人文关怀，研究成果及时编辑成册上报企业决策层，并与全体同仁共享。定期开展“国际同行优秀作品展”、“国际竞争品牌发展论坛”、“国际营销大师大讲坛”、“国际营销趋势恳谈会”、“国际产品创新研讨会”、“国际企业形象学习班”、“全员英语培训课”活动，不定期组织各个业务板块核心团队出国参观考察国际卓越企业，见好做好，知不足而奋起直追。

开启企业国际化战略计划，制定企业国际化品牌战略发展纲领，提高国际化企业管理创新能力，推行“企业国际化 VI 系统”建设，更换产品包装，推广“国际化产品包装”，制作“国际化宣传系统”，投放“国际化广告”，成立“国际化营销团队”，促动企业负责人“国际化形象”改造，从里到外，让整个企业和产品都具有“国际风范”，然后先把这个“国际产品”销售给国人，再逐步让符合国际标准的产品走出国门，进入外国家庭。

国际化不是西方化，也不是东方化，真正的国际化应该是“东西化”。

所以，“国际部”除了要及时研究分析国际商机，同行发展，博览世界变化，抓住行业趋势，开发国际客户，结交世界朋友，达成战略合作，开辟崭新市场，还要注意“东方企业”的发展，注重“东方化”智慧与技艺的发掘整合，特别是日本和韩国企业，部分优秀的中国企业，都要下功夫深入钻研，求得真经，不辜负企业决策层的远见和“国际部”的使命。

每一个有梦想的企业都应该设立一个“国际部”。

每一个有梦想的人呢?

每一个有梦想的城市呢?

每一个有梦想的家庭呢?

大多数企业主都应该上堂“做人课”

一个女商人向我走来。

看上去自然，苗条，甜美，略带锋芒。

一说话。职业口气重。

不喜欢。

很多企业主都有一个误解。

以为做广告策划的人都应该主动跟他们打招呼，都要有求于他们。

所以，都显得很高傲。

每次面对这些有点态度傲慢的企业主。我总是一言不发。

我不会主动开口，更不会主动递名片。

甚至是拔腿就走。

有一次，受邀去一个企业考察，他们的老板坐在他偌大的老板桌后面翘着二郎腿晃着椅子，让我坐在他的前面，我一看这个架势，很不舒服，心想既然来了，还是跟他聊两句吧，谁知道这个老板张口就说：徐总，该看的也看了，该跟你介绍的也介绍了，下面是不是该你跟我汇报一下你的想法啊。

我一听“汇报”两个字，气就上来了，说：不好意思，张总，我没有什么需要给你汇报的，我还有事，该走了。

说完就起身离开。

他与他的副总们当场就傻掉了。

也许，很多人会认为我这个人脾气太差。

其实，我的脾气很好，只是我知道他们这样的态度，不可能达成合作，他们想与我合作，我也不会同意，他们没有摆正位置，不知道企业发展遇到了困难，需要旁观者、专家、智者来帮助他们突破，还在世俗地以为，来到他们公司考察的这个徐总仅仅是为了钱而来的，是来骗钱的，是来忽悠的，所以，他有了那个态度，坐在老板桌后面晃悠着，怀疑着。

他让我讨厌的地方有三个：第一，他不应该坐在老板桌后面与我对话，应该和我一起坐在茶几前的沙发上；第二，他不应该翘着二郎腿晃着椅子；第三，他不应该用“汇报”这两个字。

他之所以这么做，一是说明他还不知道策划的价值，二是说明他不是一个开放、厚道的人。

所以，我赶紧离开。起身离开的行为也许能刺痛他告诫他。

跟无数个企业主打过交道，总结下来，就是一句话：大多数企业主都应该上堂“做人课”。

不是对自己的司机和服务人员态度恶劣，就是对待他人的蛮横，再不就是土皇帝一言堂，甚至满脑子欺骗消费者的招数。

什么人做什么事。

人好，事就好；人差，事就差。

总是会听到这个企业产品质量出问题了，那个企业坑蒙消费者了。

其实，都是因为这些企业的企业主人心坏了、人味没了才导致了那些问题。

日本的经营哲人稻盛和夫说过：“我认为，经营企业，只要依据‘作为人，何谓正确’这一原理原则进行判断，就不会发生大的失误。我在实践中彻底地贯彻了这一条。”

想把企业搞好，先把人做好。

企业不厉害，因为企业没榜样

做策划是天底下最好的职业。

我所有的国内旅行全都是企业买单。

我所有的想法和创意都是在与企业人的碰撞中诞生、完善、成长、瓜熟蒂落。

尝遍神州美味，宴请的也大多是企业家。

我们正处在一个新的纪元，经历一个新的开端。

中国企业是。你是。我也是。

我们永远都不要忘记一句话：现在做好了，未来就好了。

而今最大的问题是无论一个人，一个企业，还是一个国家，都或多或少地忘记了这个浅显的道理。

都在期盼明天，都在“买彩票”、“买股票”、“买选票”中想象一夜成事，却从来没有想过，今天，这个上午，这一刻，你在做什么，你做了什么，你做的这一切，能给你换来美好的未来吗?

国内著名企业远大集团企业文化中有一个远大第一原则——农场法则：付出与回报对等、先付出后回报、年年付出才能年年回报。

市场是策划人最好的学校。企业是策划人最好的课堂。消费者是策划人最好的老师。企业家是策划人最好的同学和校友。

走进企业，就是走进课堂。

上周四受邀前往长沙远大科技集团进行为期两天的合作考察，从车子拐了个弯在绿树丛生中看到“远大城”三个字开始，到现在，我的心情就没有平静过。

相信每一个人都听说过远大中央空调，都对远大集团不陌生，相信很多人也知道远大的领航人叫张跃，这个张跃很多年之前就是企业界的风云人物了，他是中国企业家中第一个拥有私人飞机的人，远大集团也多年连续被评为最受尊敬的企业，张跃今年更是给中国争了一个大光，他与墨西哥总统卡尔德龙等5人同时获得了联合国环境署颁发的“地球卫士奖”，以表彰他与他的企业多年来坚持不懈地为地球环保事业做出的杰出贡献。

两天的考察参观下来，我有一个感觉，从大伟走向伟大，中间看来还要加一个环节，先从大伟到远大，再从远大到伟大。与远大集团总裁张跃会谈的主题，我就定了：从远大到伟大。

看到远大城里的“金字塔”和“凡尔赛宫”，还有坐落在园区各个场地里的世界名人雕塑，我就体会到了远大的视野，远大的胸怀，远大的高度，远大的梦想。也许你会说做这些复制品有什么用，其实，你哪里知道，这是一个境界，这是一个环境，这是一个目标，这是一个气质。

刚才我把我的ipad桌面换成了一个地球，我天天看着地球，天天从地球看中国看北京看广大企业和市场，我的想法能没有突破吗？我的战略能没有高度吗？我能没有“地球创意”吗？

很多事情，之所以你觉得难以出彩，是因为你站的位置不对，高度不够。

张跃的品质和远见，身体力行的环保动人故事和个性强烈的管理艺术，成就了远大集团的今天。有什么样的企业家就有什么样的企业。

有时候不是企业不行，是企业家不行了，堕落了，腐败了，世俗了，麻木了。

“我们保护生命”是远大的价值观和使命，有这种价值观和使命的企业，能研发不出旨在“保护生命，保卫地球”的革命性产品吗？从“远大非电空调”到“远大空气净化机”到“远大新风机”到“远大生命手机”再到“远大可持续建筑”，这一个个跨越和突破，你能说不是因为他们远大的价值观和使命使然吗？

说到这里，我就想到了你，想到了你的企业，也许你经常会说，做企业真难，做好企业更难，其实，做好什么事情都不容易，但不容易中是不是有让你感觉轻松幸福充实有效的理念和方法呢？不知道你有没有考虑过这个问题？

不知道你的企业有什么样的价值观和使命？甚至是有没有价值观和使命？也许你又会觉得这不重要，能挣钱就行，可是，你想没想过长久的挣钱，要有长久的贡献，你为消费者贡献了什么，你为社会贡献了什么，你为地球更加美好又贡献了什么？

张跃说："'普通企业'，追求利润最大化；'公益企业'用利润做慈善；'社会企业'社会利益优先。"

他说远大就是要做"社会企业"。

看来，我也要从推广"公益策划"，再到推动"社会营销"在中国的发展了，我们不仅需要"社会企业"，更需要"社会企业家"、"社会产品"、"社会营销"、"社会广告"。

去很多大中小企业学习考察过，给我留下深刻印象的企业有四个：海尔、中粮、蒙牛、远大。

一个人成长慢，是因为没人骂、没人管、没人提点、没人惩罚。

一个企业不厉害，是因为企业家不知道带领企业树立榜样，学习先进。

改名字走新路

一个两千平米的办公室里就我一个人，一支歌。

大家都去休息了。

少休息，多辛劳，除此之外，别无他法。

在一个十几亿的大国里出人头地，难度全球第一。

事实证明，这个世界上整天“想成功”的人大大多于每日“做正事”的人。

一到了这个时候，脑子里就在想这样一个问题：今天写点什么，写点什么才能对你有所启发，最好对广大中国企业有所助益。

有时候，这样的问题会从周一一直问到周日。

一个星期全给了它们。

有时候，我在想，我需要给自己一个“憋时间”，在这个时间里拼命地飞，拼命地憋，拼命地不靠谱，拼命地跨界，下一个时光里，也许才会有“别想法”。

我这样试了几次，一次比一次效果优良。

入夜，我又如法炮制，开始给一个手机憋名字。

这是今年第四次给客户改名字，之前三次都成功。

此刻也期望这次改名字能够帮助客户改出一条新路。

不是我们喜欢给客户改名字，是客户的名字不改不行，名字不改“前途”就要改。

还是先说说那三次成功改名的过程。

一次是改一个螺旋藻品牌的名字，我们策划之前，这个品牌叫“天湖藻螺旋藻”，我们给他们改名字叫“新宇力螺旋藻”，寓意“新宇宙健康力量”，新宇力本来就是他们集团的名称，为什么不用呢？

一次是改一个养老项目的名称，策划之前，他们起名叫“五行生态城”，我们给他们改名字叫“中国乐养城”，推广乐养文化，开启乐养时代。

一次是改一个大型家族庄园的名字，之前他们叫“逸安农庄”，我们改名叫“立安农庄”。从逸到立，一字之差，万象更新。

三个名字改下来后，我发现，坏了，中国大多数企业产品名称都需要改变。

同时还发现，中国大多数企业都需要做四件事：

改名字。

换标识。

找定位。

做包装。

有了改名字的意识，就有了创新的契机。

自恋不是坏事，坏事大多都是自恋造成的。

现在到了来审视我们自己的时候了。

创字怎么写？

不大刀阔斧怎么创？

销售能让你的企业变大，文化能让你的企业伟大

人生是每个瞬间都应该有所发现的辽阔原野。

空间和留白并非空虚，反而支撑着本质和真相。

我昨夜从机场赶往一个小镇，接近三个小时的车程，有两个半小时，车子在漆黑一片的草原上奔驶。我是一个那样热爱时间与书的人，却怕在车上看书，灯光干扰了司机的视线，只能坐在车子里面对无尽的黑暗。

突然发现好久没有走这么长的一点灯光都没有的夜路了。

也许，又是安排好了，在这样一个星光跃动的夜晚，让我一个人在后座上无边无际地思考。

也许，每个人都需要这样的黑夜和长思。

每天都在与企业打交道，每天都在面对现实、超越现实。

一个作家问另一个作家说："我能求你帮我个天大的忙吗？你能读一下我的小说吗？我只是想了解一下你有什么看法。"

那个作家不假思索地说："我的看法是我讨厌它。"

"可是你还没有读呢？"

"如果它写的很糟，我会恨，因为我恨糟糕的写作；如果它写得很好，我会嫉妒，我会更加恨。你最好别从另一个作家那里得到看法。"

这让我一下子想到一个企业家很想听听另一个企业家对他企业的看法。

显然这样做也是不高明的。

智慧的做法应该是一个企业家去认真地倾听一个策划家对他企业的看法。

显然这又是一个很多企业家不曾觉悟的事情。

人的一生都是在不觉悟、觉悟中、觉悟了中匆匆度过的。

这一刻不知道有多少生命走到终点，又不知道多少人无家可归，更不知道有多少人在私人会所里虚度。

我每天都会对自己说：徐大伟，你的存在一定要对这个世界有重大价值才行。

这样天天想着，这样天天过着。

接触的大多数企业家都在思考同样的问题，销售，利润，增长，效率，成长，速度，企业快速变大，又开始想着成为中国500强，然后是世界500强，天天都在自我膨胀和企图膨胀企业中忙忙碌碌。

突然，我跟他们说：销售能让你的企业变大，文化能让你的企业伟大。

他们总是瞪大眼睛看着我。茫然。迷离。

他们还没觉悟：越来越多的消费者开始关注那些有沉淀有味道有故事有品位有价值有文化的东西。人们越来越喜爱有着鲜明独特文化气质、文化历史、文化厚度、文化主张的产品和品牌。

也有越来越多的觉悟者开始通过把产品变成“文化产品”，把企业变成“文化企业”，把城市变成“文化城市”，把服务变成“文化服务”，把足疗变成“文化足疗”，把医院变成“文化医院”来发达。

一个大师说过这样一句话：只是现今，更无时节。

不要等待明天，也不要顾念昨日，活着就是现在，这一刻你做什么才能决定你是什么。

钱能让你拥有贵器，文化能让你拥有自己。

拥有了自己，才能真正拥有一家企业一方土地，你才会慢慢觉悟产地需要文化，产品需要文化，消费需要文化，使用需要文化，管理需要文化，包装需要文化，销售需要文化，传播需要文化，自己需要文化。

一切都因文化而有容乃大。

谁不愿意跟好人做生意

会生活的人会写文章。

能看到现实的人能有理想。

其实人生是很过瘾的。

若你正在打一场人生之战你就会明白。

有时候会想，多可惜，还没有尽兴，人就老了。

老了就成了年轻人的累赘，社会的负担。

若得了半身不遂什么的还会被媳妇儿子整天数落。

所以，人年轻的时候一定要珍惜时间，什么都是靠时间积累来的。

争分夺秒才是一个真正看得开的年轻人的基本行为规范。

当下，只能趁还不老赶紧做点小事，说两句大话了。

很多企业家都在小声说：你以为我们愿意打价格战，弄得你死我活啊?不这样做，我们就只能等死了。

清楚明白。

你以为我们愿意使用“问题原料”生产“有毒产品”啊，这是游戏规则，你不用，你的成本高，价格贵，经销商不愿意卖，消费者不愿意买，只好睁一只眼闭一只眼了。

清楚明白。

这就是这个时代的可悲：睁一只眼闭一只眼的人越来越多了，双眼雪亮的人越来越少了。

有网友给我留言说：我个人觉得徐老师是一个非常完美主义者，这样的人往往比较极端和固执，哈哈，眼里揉不得一点沙子，自己认为正确的事情就不会轻易改变，哈哈哈，特别好奇，徐老师，您的血型是B型吗?

现在的年轻人真可怕，她连我是什么血型都看出来了，还说我是一个完美主义者，眼里揉不得一点沙子。

说实话，求完美不太现实了，只能尽量求美丽了，眼里揉不得一点沙子也谈不上，其实我的眼睛里满是沙子。

为了我的美丽，为了我的眼睛。

所以，我只好选择了我的“人生之战”。

目前主要有两个战役，一个是为了让更多的同胞爱上阅读，懂得阅读改变人生的道理，我竭尽全力创办了中国首家赠书馆——民间流动图书馆。

另一个战役是，我创立的“徐大伟策划机构”正在倡导中国企业赶紧修正良心反思行为，运用“公益策划”，创新“公益产品”，推行“公益营销”，建设“公益企业”。

两个战役战果喜忧参半。

第一场战役取得了一些成绩，改变了一些人，带动了一些人，帮助了一些人，在北京小有影响，在全国却微不足道。

第二场战役却损失惨重，连连失败，企业不买账，媒体没反应，社会不觉醒，几次反攻，几次被逼后退，没关系，这是一场持久战，我们已经做好了长期打下去的准备，不打胜这场仗绝不罢休。

眼看着一个个中国企业因为这样那样的问题被群而攻之，被指责被谩骂被抛弃被处罚，作为一个企业家的好朋友策划人，心里十分的不舒服，感觉也像打在自己脸上一样疼痛。

只能苦口婆心地再劝广大中国企业家，还是从心开始做一个好人吧，因为只有一个好人才能做好事，才能做出好产品，卖个好价格，占有好市场，赢得好利润，做好人的成功率最高，做好人的成本率最低，不要继续一味地只追求规模、产量、份额、利润了，是时候注重质量、口碑、价值、担当了，因为只有你拥有了这些，你的企业才能持续发展，也许你都不知道，中国大多数企业家最大的问题是想用短期行为换回长远利益，怎么可能呢?

企业是什么? 企业不就是人心换人心的事业吗?

你用你的人心换回员工的人心，换回消费者的人心，换回社会的人心。

这个世界的本质就是交换，你想换回金钱财富，你要想好你用什么换回这些，你的交换物够不够分量?

前天是蒙牛，昨天是双汇，今天是修正，明天又是谁?

会是你吗? 人当然不会永远不犯错。企业也一样。

但是一个真正的好人犯了错会马上改正，态度诚恳，痛定思痛，洗心革面，人家还会原谅他，再给他机会。

但是若是一个坏人，一个屡教不改无理狡辩企图脱身的人。

就只能一棍子打死了。

企业本来就应该是一名世界公民

世界上只有三种人：一种是活着的人，一种是死去的人，一种是正在做策划的人。

策划人要想活着做什么，死了留下什么。

策划人有什么？策划人不就是把目光投得远一点想得多一点的人吗？

策划+企业=企业策划，策划+国家=国家策划，策划+出租车=出租车策划，策划+酒吧=酒吧策划，策划+体育=体育策划，策划+音乐=音乐策划，策划+公益=公益策划，策划+法国=法国策划，策划+情人节=情人节策划，策划+雨=雨策划，策划+对不起=对不起策划，策划+勇往直前=勇往直前策划，策划+艺术家=艺术家策划，策划+地球=地球策划，策划+星空=星空策划。

策划加什么，就等于策划了什么，策划可以加任何东西，策划可以改变一切，而灵活掌握策划这个万能工具的策划人注定会成为一个开天辟地者。

策划的起点是事物的本质。策划有如科学，观察是想象之母。

法国的一位大师曾说："上帝将世界分成了两半，一半是富人，有食品没胃口，另一半是穷人，有胃口没食品。"

我说不出这样经典单纯准确有力的话，只能记住它。

我喜欢这句话，它给了我新的力量和理想：我要做一个有食品又有胃口的富人，一个千方百计帮助穷人有胃口又有食品，帮助他们逐步成为富人的人。

我的理想总是很大，因为我觉得，我的能力有限，我很微小，唯有高大的理想才能帮助我成为一个高大的人，所以，我的理想一个接一个，一个比一个大，没有一个小的。

我正在做一件蚂蚁撼大象的事情，我想号召和促动中国企业开始“公益转型”，帮助他们建设一个“公益企业”，推广“公益产品”，开启“公益营销”时代，让更多的中国企业明白“得人心者得天下”、“有了爱就有了一切”，知道建设一家“公益企业”其实是在当今市场环境下的营销突破和战略智慧，公益就是利益，营销就是付出，只有真实才能打动受众，只有销售真爱的企业才能基业长青，只有那些说爱我们的人我们才很难拒绝。

结果是回应者了了，更多的企业家的回复是：现在还不是时候，我们有心无力。

多么可笑的回复，我想问那你们能告诉我那该是什么时候，什么时候你们才能用良心做事，做一家“利国利民利己型”企业，什么时候才能知道公益营销不是让你去捐款捐物，是让你从你的产品开始，保证你的产品无害于消费者，无害于环境，无害于社会，保证你的产品可以给消费者带去满足和幸福，让你的产品拥有“公益包装”，然后你再用公益的销售手段，不要去做虚假广告，不要忽悠经销商，不要欺诈消费者，做任何事情都先想想这件事情是不是“利世利国利民”的，做这个广告是不是可以美丽人们的心灵推动社会的进步，你的促销活动是不是可以救助穷人，是不是可以用行动用产品改变这个世界，什么时候你才能去这么做，是明天？下个星期？一百年后？还是永远都不会这么做？不，就是今天，就是现在，就是此刻，时候早到了，企业本来就应该是一名世界公民，企业本来就应该解决社会问题帮助这个世界进步，这个世界的兴衰与和平都与你们有关系，不是你们有心无力，是你们有力无心。

人最大的弱点是什么？

是不相信，怀疑。

在这个世界上要想做成一件大事，必须具备三个条件：有心，有脑，有钱。

而更多的企业家不差钱，不差脑，只差心。

总是想尽一切办法尽最大努力身体力行地去解决社会问题满足消费者期

望的企业才是大有前途的企业。

贫困的农村贫穷的家庭需要更加实惠耐用的鞋子和衣服，需要真正物美价廉的一切，可现实却是他们买到的更多的是偷工减料的“一次性产品”，甚至至今还在被某些奸商连环欺诈，投诉无门，无力呐喊。

这不是一个大商机吗？聪明的中国企业家们，帮助八亿农民过上安全、实在、幸福、平静的生活，不就是一件“利国利民利己”的大好事吗？

农村的事你不愿意做，城市里的男女们真正想要的便利店、酒店、自行车、书包、牛奶、面包、房子、朋友、婚礼、红酒、写字楼、快餐、发型、医院、大学、电视节目、报纸、公交车、家电、城市，你们又创造出来了吗？

高尔夫球场离棚户区是那么近，你的球打得是那么好。

真为你感到羞愧：什么时候你才能为这个世界上的仁义道德挥一杆？

必须找到客户的痛点

我被一部电影击到了痛点。

在半夜。

今早起来，我就开始宣传这部电影。

走到哪里说到哪里。

说她好，让人看。

顾长卫执导的电影不多，却一部是一部。

郭富城，章子怡，陶泽如，濮存昕，蒋雯丽，孙海英，个个都演得好。

尤其是郭富城，眼神中竟然有了最动人最朴实的村男气质。

没想到一个来自国际大都会香港的演员，“土”起来能这么像地里长出来的一样。

这部电影就是我这些天的《最爱》。

想了又想。我为什么喜欢这部电影?

知道我为什么喜欢这部电影，就知道了她的成功之处，就有了学习的方向，就能看电影看出前途。

喜欢这部电影，因为这个电影不假，有诚意，有现实，有叛逆，有挣扎，有爱意，有揪心。

看完电影，做梦会梦见这部电影的某些场景，这就是一部好电影。

顾长卫的作品，又一次被我买单了。

他用作品触碰到了“客户”——我的痛点。

所以，他成功了，他的电影成功了，他的演员也成功了。

这让我一下子想到了商业，想到了怎么服务客户?

其实每个客户都有痛点。

找到痛点，就找到了“通点”。

美女是男人的痛点。

孩子是父母的痛点。

孝顺是儿女的痛点。

态度是服务人员的痛点。

美誉度是企业家的痛点。

销量是商人的痛点。

案名与定位是地产项目的痛点。

轱辘是拉杆箱的痛点。

品牌是汽车的痛点。

精神是品牌的痛点。

外形是手机的痛点。

产品包装是产品的痛点。

进城是农民的痛点。

有时候，一个人的痛点还在变来变去，需要我们用变化的眼光去洞察。

有时候，我们会发现自己费了半天力，客户却不买账。

也许原因是你没有找到他的痛点，出一拳，“打”不到要害，不痛不痒，没感觉，你以为找到了他的痛点，其实，你找错了，那不是或者以前是现在不是他的痛点了。

所以，找到一个事情或一个人的痛点，需要智慧和创意。

转来转去，还是一个道理：有了方法，还要智慧。

智慧是硬功夫。

大成功者都是“转嫁”的高手。

谁来创“轻装”

中文。一个字。一个创意。

每一天。一抬头。一上街。一翻书。就是想法。

中国有全世界最丰美的文化创意甘泉和材料。

中国却是全世界最缺乏创意的国度。

这个国度大部分人还不知道什么是“创意文化产业”。

不知道创意的意思是什么，创意有什么用。

去三四级城市谈创意谈品牌，很多人会一直盯着你，不知你所云。

去农村谈创意，全村人都茫然。

跟一些企业家谈创意，他会说，我不管你怎么创意，我就是想让产品销量增加，利润翻番。

每一个企业每一个产品都需要创意。

这样的意识，却并没有让更多的企业家共识。

偶尔在一本杂志上看到“轻装上阵”四个字。

赶紧放下杂志，想这四个字为什么让我停下来，它要给我什么，它要对我说什么。

认真听，仔细想，原来它是想告诉我“轻装”两个字，大有做头，空间无限。

创意也讲缘分，该来的时候来，不该来的时候急不来。

谁来创“轻装”？这个世界不需要“轻装”吗?

轻衬衣。轻风衣。轻内衣。轻大衣。轻毛衣。轻棉衣。

轻皮鞋。轻靴子。轻拖鞋。轻雨鞋。

轻裤。轻袜。

轻皮包。轻帽。

轻本。轻书。轻相机。轻箱子。轻手机。

轻装上阵的东西一定还有很多，轻一个，不一样一个，抢位一个。

定位就是抢位。

先抢位后有位。

你的品牌先抢了“轻装”概念，“轻装”从此就是你的，只要你一直不断地在诉求“轻装概念”，这个概念就永远是你的，谁也抢不去。

定位就是占词。

这让我想到一个现在看来发展还不错的一家企业，它本来可以发展得更好，它就是蒙牛，他本来占的词是“自然”，从它的最早口号“青青大草原，自然好牛奶”到后来的“自然给你更多”，一直坚持“自然”的营销，企业奇迹般腾飞，可到后来演变成“每一天，为明天”，我曾写了一篇取笑它们的文章“蒙牛，每一天，为明天，谁来为今天”，果然，“三聚氰胺”没少了蒙牛的份，过了没几天他们又把口号改成了“只为优质生活”，今天蒙牛的广告口号是“好品质，绿生活”，什么叫好品质？所有的产品都在说自己品质好，这是蒙牛的核心竞争力和独特优势吗？三元不也在说“首都品质”吗？你的“内蒙品质”怎么跟三元的“首都品质”比？都在说品质，难道蒙牛忘记了成就它的“自然”定位了吗？

海尔也是，从最早的“真诚到永远”，抢占了一个“真诚”，可今天，它在做什么，它的真诚在所有的海尔产品中体现出来了吗，怎么体现的？难道海尔也忘记了“真诚产品”才是中国消费者无论在哪个时代都最想拥有的东西吗？不知道张瑞敏为什么定了这么一句不明其义的口号——“一个世界一个家”？

还有中粮集团，大肆宣传它们的那句口号“产业链，好产品”，其实，这根本就是一个误导，产业链跟好产品哪里有什么必然的关系，好的产业链才能生产出好的产品，不管你是不是产业链，有良心，才能生产出好产品，“良心”才是“良品”的决定因素。

所以，我们别傻了，睁大眼睛，看清本质，保持独立，轻装生活吧。

你卖的就是他或她

写下这个字。

就不知道这篇文章会写到什么地方去。

坐在这个城市里。

不知道“我的城市”在哪里?

敲打着这台电脑的过程中不知道“我的电脑”应该什么样，去哪里找?

我的“绿脑”谁会来创造?

我的“月球表面电脑”还有指望吗?

一直想写出“我的文章”，却一直不尽人意。

“我”的差别太小，导致了我的一切都差别太小。

走的地方越多，越发现“我的需求”、“我的东西”很难找到。

全世界不知道有多少营销人，不知道有多少人每天都在做买卖?

在这些行销人眼中，全世界最难的事情就是营销产品。

作为营销人中的一员，每天都有人给我出难题。

每天都在找答案。

每天都在出卖答案中成长。

找答案的过程我发现就是在找“我”。

找到“我的想法”、“我的高度”、“我的突破”、“我的开天辟地”，就找到了“我的答案”。

作为营销人，我们要明白消费者到底在购买什么?

爬过了一座雪山，趟过了一条河，步行过一片草地，淋了一场雨，享受过一次蚊子的彻夜叮咬，饿过了三顿饭，我才发现了这个真理。

这个真理来得不容易，但，它来了：我发现消费者真正想购买的是他们自己。他们想买他内心里相信的道理和信赖的理念，他自己的人生态度和生命个性，他想象中的东西，他梦里的物品，他总在寻找未果的事物，他喜出望外的产品，他看过就再也忘记不了的品牌。

他们最想买的东西是“自己”，是更能证明他自己活得幸福快乐时尚特别的东西，是更能说明他的品位和品质的“证据”。

这样的“证据”又有内外两层作用：外在的，向别人传达他们的个性；内在的，加强他们的自我感。

既然消费者在消费自己，那么作为营销人我们在卖什么呢？

我们当然在卖他或她了。

一是满足他或她的需求，二是引领他或她的潜力和品位。

无论营销什么，首先要给产品找到他或她，然后再实施上面的营销两部曲，一个是引领，一个是满足。

营销的过程无非就是“迎合”和“提升”两个环节。

迎合那些要求度很高的客户，超越他们想象地满足他们的要求，就能创造财富奇迹。

与迎合相比，更多的是需要“提升客户”的价值观、生活观、艺术感和品位级。

你不把“众人”提升到“个人”。

你就无法与众不同。

一支葡萄酒讲了一小时故事

月儿初上。

酒会刚散。

一个人坐在这里。

想刚才浪漫的两个小时。

让我对人的愉悦感受有了进一步的体验。

美酒。美人。美夜。

美的情景。

都来自一支葡萄酒。

一个波尔多酒庄的第三代传人，亲自给我们讲她的庞特卡内葡萄酒。

这个酒会上坐满了几乎湖南所有大型企业的董事长。长沙的市长也来品酒。

气质迷人的酒庄庄主边翻动PPT边用英语掺杂法文带一两句中文地给我们说起了这支来自波尔多的葡萄酒。

她讲了一个新概念：生物动力。尽管我不太听得明白，但这个概念依然光芒四射，让我对她的讲解产生了无限遐想。

她说他们的酒全部都是有机酒，她们的土壤有生命，她们从来不把它们当成是土，她们把土当成朋友，伙伴，爱人。

这样的境界，我还没达到，不过有了今天的感受，这样的境界不远了。

这就是我的特点，靠近高度，超越高度。

她给我们放了一张马车拉葡萄的图片，然后说，他们为了保护环境和空气，不用机动车，只用人工和马车。

一张很多人站在葡萄园里的照片，我想她会讲什么，她说：我们每一季的葡萄都要由庄园主人们亲自尝，当葡萄的酸度甜度达到了我们定的标准，我们才开始采摘。每一架葡萄要分几次来采摘。

接下来服务生给我们斟上1990年份、1996年份、2003年份、2007年份的庞特卡内，女庄主一一给我们讲述每一个年份酒的文化和故事，听着她细腻优雅的解说，喝一点杯中酒，好像感觉不同年份的酒真的有了不同，我这个不喝酒的人，第一次尝出了酒的真味和不同。

这就是故事的力量和体验的意义。

举着杯子，端详着漂亮的小提琴手，欣赏美妙的音乐，我就在想，这就是最好的“感官营销现场”，听觉、嗅觉、味觉、感觉的组合产生了新奇的“葡萄酒效应”，一个不爱酒的人，刹那爱上喝葡萄酒的感觉，有了也办一场葡萄酒品尝会的想法，甚至还想拥有一家酒庄，这是不是“被喝醉”的后果呢？

一支葡萄酒能讲一个小时的故事？

一个饭店能讲多长故事呢？

一双鞋子能讲多长故事呢？

一个高尔夫球场能讲多长故事呢？

一个写字楼能讲多长故事呢？

一只耳环能讲出多少故事呢？

一叶舟有故事可讲吗？

一瓶饮料呢？

一个混凝土搅拌机有故事吗？

一张银行卡呢？

尊贵的营销人、企业家、策划同仁，你的产品有故事吗？你能挖掘出它们的故事吗？

没有故事的产品，就像没有灵魂的人。

故事越多，销量越多。

你不信，没关系，市场会给那些能把一顶帽子讲半小时故事的人一个大大的惊喜。

到那时候，你不要嫉妒。

中国大多数企业的最大问题是“一言堂”

一个同事对我说：徐总，你好久没有写大文章了。

我说：是啊，很不舒服。很长一段时间不写长文章，就像跟一群人异国他乡转了一圈，到了首都机场，连招呼都不打转身离开一样。

人走茶凉。

感觉不好。

还好，我能有这样的感觉，从今天开始，徐大伟回来了，大文章回来了。

别说我傲。

傲是熬出来的。

这两天接触了一个被我称为中国最大的“郁闷集团”，董事长郁闷，高管郁闷，中层领导郁闷，员工郁闷，就连我们这些外脑也郁闷。

因为我们都共同遇到了一个我见过最“一言堂”的企业家。去他办公室的高管，只要这位著名的企业家不暗示他们坐下，他们就不敢坐，只能站着跟他汇报工作。高管的话还没说一半呢，这个企业家当着大家的面就说：你不是一个蠢人呀，怎么能这么做事。

我当场傻掉。他骂的这个人可是这个公司德高望重的副总呀！

另一个女高管让他看一下一个文件，他看了几眼，就说：你这是怎么弄的？我说的话记不住吗？再记不住，拿录音笔过来录。

女高管气都没敢喘，低着头出去了。

又进来一个让他看一个好像什么告示之类的东西，他看了一眼说，不要用这个字体，把下面一行字拉斜了。小伙子说：拉斜了不太好看。这位企业家张口就说：我不管，你把它拉斜了，做好了再拿给我看。

我目瞪口呆。

一个年销售额几十亿的大企业的大领导，连企业内部公告上的字体都要管吗？

接下来，陆陆续续又进来了几批人，每批人进到他的办公室都是蹑手蹑脚，没有一个人敢坐，尽管他偌大的办公桌前面就围着五六把椅子，没有一个人不是这位企业家说什么是什么，只有听讲服从的份，只有那个小伙子敢发表一点自己的看法，还被他无情地驳回，那些岁数大一点的人，那些跟着他多年的高管，干脆就站在一边，只是听，不插话，不说话，听完了，就笑着点头哈腰地出去了。

好不容易等到了一个进门就要求跟这位领导讨论一下一个事情的集团高管，他一句话刚说完，这位领导站起来使劲摆着手说：这个事不讨论，不讨论，就按我说的去做，没问题，走吧，回去抓紧落实。那位绅士企图再啰嗦几句，这位领导就大声说：不用说了，不要浪费我的时间，赶紧走。

我无法忍受。

从来没见过一个这么独断专行的企业家。从来没有见过这么听话的高管。

这个企业太可怕了，怪不得他们有天下最好的产品，销量却只有在这位企业家眼里的二流厂家的十分之一不到呢！这个企业只有一个大脑，却有几千个身子和上万个手脚，小脑袋，大身子，这不是典型的“怪物企业”吗？

全公司大大小小的事，都由这一个人说了算，不讨论，不展开，不解释，不倾听，所有的高管其实都是“工具”和“帮佣”，所有的不同意见都是邪说，所有的集团子公司总经理的职位都是形同虚设，只有这个人才是最后的拍板者，所有企业员工都是“跟屁虫”和“执行者”。

这个公司的一个普通员工小声跟我说：我们领导的做事风格是一个文件做仨月，第一个月改文件格式，写了再改，改了再写，第二个月改内容，第三个月格式内容一起改。

这个公司是什么公司？这个企业家叫什么名字？

其实，你想一想，也许这个公司就是你们公司，这个企业家就是你们的董事长。

中国企业有很多可怕的毛病。一言堂是最严重的毛病。

一个人成功了，就骄傲自满起来，以为老子天下什么都不怕，什么都能做。说一不二，谁的话都听不进去，不管你是什么大集团出来的人才，你是什么学校毕业的博士生，都是萝卜白菜，我说怎么干就怎么干，甭废话。

所以，这个公司就成了中国最大的“郁闷公司”，员工郁闷怎么碰上这么一个固执的老板，明明不靠谱，也要听他的吗？干脆消极怠工算了。老板也郁闷，为什么下属执行能力这么差，进度这么慢。经销商更郁闷了，这个产品到底怎么定位，那个老板是不是老糊涂了。

其实，一个伟大的企业家一定是一个“骄傲不满”的人。他为他有永不满足永不放弃永远进取永生奋斗的精神而骄傲。

一个伟大的企业应该是一个“医言堂”。

邀请消费者，邀请社会各界，邀请外部智囊团，邀请本企干部职工都来做企业和企业家的“医生”。

畅所欲言，无所不谈。

你不能正确地对待消费者，消费者就不能正确地对待你

都什么时候了。

我还要写这样的文章。

还要用这样的题目。

联合国有一个千年发展计划，日本有一家1400年的企业，一千年的志气让它依然茂盛。

一个国家有中长期目标。

你呢？

你的千年发展计划，你的千年志气，你的中长期目标呢？

一个没有清晰目标的年轻人就是花甲人。

一个有着梦想和目标的花甲人就是年轻人。

有人说你看上去老了很多，说明你的目标和梦想少了很多。

做人的成功之道就是：不做与他人相像的人。

做企业的成功之道同样：不做与他人相同的事情。

也许你会觉得这太简单了。

但是，这太难了，你觉得你是一个特立独行拥有自己的个性和品位的人吗？你敢说你的企业做的事情是与他人不同吗？

若这两条你都敢说。你只成功了一半。

另一半就是：正确的认识，正确的态度，正确的行为。

能帮到人的只有人。能改变你的只有你。

你不能正确地对待食物，食物就不能正确地对待你。

你不能正确地对待员工，员工就不能正确地对待你。

你不能正确地对待消费者，消费者就不能正确地对待你。

这就叫做：自作自受。

这样的夜晚，我总是一个人坐在书桌前，写字，想事，反思，自愈。

总是会有一股不知来自哪里的劲头，想要让一篇文章中有点火花，偶尔在你的眼前划过。

哪怕让你有一丝触动。

你不能正确对待读者，读者就不能正确对待你。

消费者又要如何正确对待呢？

其实，你知道 80% 的答案，问题是你不知道那 20% 的问题。

会问问题的人，比只知道寻找答案的人有出息。

你不能正确对待问题，你的问题就会越来越多。

你不能正确对待比你强的人，比你强的人只会越来越比你强。

每一个生命都有尽头。

却不是每一个生命的尽头都是：安然入睡。

因为他们没有好好活着。

没有好好活着，就不能好好入睡。

人生就是一盘菜。

有的难以下咽，有的让人回味。

但就是这盘菜。

不能换，不能退。

也不能重做。

从消费者的不满中找突破

不满调查公司。

不满报告。

不满谈话录。

不满广场。

不满信箱。

不满网。

不满论坛。

不满奖。

一个不满的世界。满眼都是不满的人和事。

家长对学校不满。

员工对领导不满。

老婆对老公不满。

公民对官员不满。

人类对空气不满。

市民对限购不满。

消费者对商家不满。

每一个不满中都有无数个商机和无限种可能。

每一个单位，每一个公司都应该设立一个“不满开发部”，收集不满，开发不满。

很多公司都有调研。但很少有公司能调查整理一本“消费者不满集”。

总是能遇到焦头烂额不知如何的企业家，他们总是告诉我他们遇到了瓶颈，产品销量下滑，品牌忠诚度大幅降低，广告费越来越多，效果却越来越差，是不是他们的品牌应该提升了，产品该换代了，还是渠道行销有问题。

我总是说："你有没有做过调查，你有没有去终端店跟消费者聊聊天，听听他们的想法，你有多久没到最基层的店面里去呆上一天了？你问我问题的答案其实消费者都能告诉你，只要你善于倾听，你精熟洞察，你把全部心思都放在你的事业上，不是人在店里心跑到了高尔夫球场，你的直觉总会给你方向，你的消费者总会给你启发，你的智慧总会给你策略。"

他们总是笑：徐总，说的是啊，这不我们来请您了吗？

我也是笑。一个大客户又来了。

作为一个企业家，一定要知道三件事：一是要知道谁是你的消费者；二是要知道你的消费者在想什么；三是要知道你的消费者有什么不满。

一个男人若不知道他的女人对他的不满是什么。他就不是一个幸福的男人。

他就一辈子缺女人爱。

一个企业家若不知道他的消费者长什么样，每天都在干什么，有哪些焦虑，他就不配做一个企业家。

一个"职业"的企业家一定不是一个成功的企业家。

你不要让消费者告诉你喜欢什么，你要让他们告诉你什么不好，他们不喜欢什么。

每一个企业都想节节高，都想有更大的突破。

"突破之道"也逐步成了一个策划公司最畅销的"当家菜"。

其实，突破的方法就藏在很多消费者的心里。

很多消费者都有资格和能量做你的策划家。

只是，你要想办法让他们愿意帮助你。

问题是，大部分商家的狡诈嘴脸。

让消费者懒得搭理。

没有老师的学生。

只有一个下场：升不了级。

中国消费者对中国产品的十个最不满意

一、最不满意中国产品的品质，良心产品，都成了商家跟你的“两心产品”，安全产品，能够“按全”了卖给你就算不错。

二、最不满意中国产品的品位，土是共性，俗是同志，不是抄袭，就是复制，不是品位，而是“鞶位”。

三、最不满意中国产品的夸张宣传，公关成了“贡官”，广告成了“广稿”，营销成了“硬销”，品牌成了“嫔牌”。

四、最不满意中国产品的售后服务，消费者像“瘦猴”被售后服务人员耍来耍去，卖出去的东西，泼出去的水，谁还理你，到哪不都是你来“守候”售后服务。

五、最不满意中国产品销售人员的变脸，促销都变成了“醋销”，让你感觉都不好意思不购买，付完钱人没走，脸变了，笑没了。

六、最不满意中国产品的社会责任，责任需要“择任”，担当总在“担挡”，遇事跑得比谁都快，出事比谁都阴险狡诈。

七、最不满意中国产品起个“洋名”，穿个“西服”，装“洋人”，出“洋相”，都是看着你长大的，你是哪个村哪个店谁不清楚，装洋人，挣点眼前钱，哪里赶得上堂堂正正做独一无二的产品有前途。

八、最不满意中国产品的不稳定，不踏实，不实诚，不可靠，今天还不错，明天不行了，这批货让人称赞，下批货漏洞百出。

九、最不满意中国产品的设计，中国产品在世界上得过“产品设计大奖”的有几个，什么叫设计，设计不就是“舍己”吗，舍己为人，你为让人使用更简单更舒适更开心更时尚，你付出了多少，你设计了什么。

十、最不满意中国产品的自欺欺人，打死不承认，只会被打死，知错犯错，群而攻之，别拿你的小狗当大狗喂，别把小费看成消费。

商人们，不能靠“信息公开”来赚钱吗

不要骗人。

你的真实故事是什么样的?

你的企业的真实情况是什么样?

你的产品真实功能到底怎么样?

在全世界商人都靠信息不对称赚钱的时候，我一直在想，不能靠与消费者“信息对称”来赚钱吗?

这样想着，我就有了发现，原来，“信息全公开”是一条名利双收的商业路。

你是洗衣粉加盟商，你不要骗人，你要把洗衣粉生产的全过程，所有的技术，所有的风险和问题全都告诉加盟者，一切细节都要展示给他们看，他们想不到的很多事情都替他们想到，他们过于乐观，你要给他们调整心态，你要让他们有“勒紧腰带，埋头苦干”的决心和意志，他们表现出有钱人的世俗，你要耐心地与他们交流，你要让他们具备一个“正直商人”的气质。就是他们什么也不多问，就想加盟，你也要把所有的事情跟他们讲清楚，你觉得他们会不由衷感谢你吗?你觉得他们将来还会骂你骗子吗?

这个世界有很多人都需要从今天开始，重新做人，做一个好人，开启健康正常的生活。

这个世界好人不一定会成为一个好商人。

因为“商人”这个职业变质了。

在中国做企业策略顾问，还有一个任务就是帮助企业家做好人走正路。

尽管，为此会得罪一些傲慢的企业家，因此失掉一些客户。

但是，必须这样做，今天上午我就主动拒绝了两个客户缺乏诚意的邀请。

他们还一下子接受不了，不相信一个策划公司会拒绝一个邀请他们做策划的企业，他们沉默了很久，不知道该说什么。

这就是人生。有时候，你拒绝得越多，你得到的越多。

这些天，我一直在思考帮助一个客户做策划的同时，是不是也有责任帮助客户培养一批营销策划人才呢？让那些对营销策划不太了解的人，理解策划的内涵和方法，让那些特别想学做策划的人学到他们想学的东西，然后，再让他们跟我们一起来执行策划，不是两全其美的方案吗？

因为策划得到了有力准确专业严格的执行，而得到客户高层的夸奖和新约，不是开创了双赢的局面了吗？

一个饭店把给顾客炒菜的厨师的名字和厨师的独特创意，“名言”一起端上餐桌，你觉得食客们会怎么想呢？他们难道不会有眼前一亮的感觉吗？

一部手机的产品单页里放上这部手机的设计团队成员与家人们的“幸福沙滩时光”合影和他们写给拥有这部手机的顾客的“个性信”，你说这样的手机要值多少钱？

一个城市，若他们的市长够正直和真实，他可不可以把这个城市的好与坏、问题与矛盾都毫不保留地向全社会公开呢？这样的城市会不好管理吗？会还那么乱象丛生吗？这样的城市不就是“纯真之都”吗？

你有没有发现奢侈品牌都在跟消费者讲故事？你不知道他们讲的故事其实就是在尽量最大程度地“公开信息”吗？

最佳的创新，最有价值的创意往往来自“开放的心态”和“开放公开的信息”，在众说纷纭中捉住倏尔即逝的商机和灵感，是“开放人”的法宝。

有人说四十是最好的年华，也有人说五十才是，还有人说只有到六十岁你才真正开始生活。

我说，今天，眼下，就是最好的年华，生活并不总是那么如意，但总能度过难关。

全看你自己。

每个企业至少一个季度开一次“开放营销突破大会”

企业家最重要的能力是策划能力。

企业最重要的能力是策划的执行能力。

员工最重要的能力是参与策划的能力。

打开一扇窗，又打开一扇窗，让这个房间流动树与清晨的味道，让我与这个世界发生雨后的关系。

树。清晨。雨后。

这个夏天，让我有了应该成立一个“夏天策划工程”的想法，策划夏天，扩大夏天。

去参加了一个大企业的月度全体员工大会。几千人共处一室，我在想象这个几千人的思想激荡和碰撞，该产生多大的力量和辐射。

大会开始了。一个领导接一个领导地发言。有的好，有的一般。

全是领导在讲话，小领导，中领导，大领导。

没有一个员工上台讲话。

没有一个领导的讲话不是号召大家减少休息，加强学习。

我突然若有所失。

我不知道这个世界上有多少家真正开放的企业，真正能让员工畅所欲言，真正能给他们一个畅所欲言的机会和平台。

真正开放的企业，台上讲话的是员工，台下坐满了领导。

我不知道为什么很多企业的文化变成了“不让员工”说话，而我一直在我们的公司大力推广“让他把话说完”的企业文化，很多次，同事在讲一个思路，讲得磕磕巴巴，有同事就忍不住打断他的话，这个时候，我就毫不客气地说，你先别说，听他把话说完你再说话。因为有了这样的“让他把话说完”的企业文化，我们也收获了不少大想法大创意，我无数次在同事们的讲话中发现了珍珠和蜜桃，尽管讲话者自己没有感知，大多数听者也没有感觉，但是我还是抓住了他思想的闪光点，成为了他这次发言的伯乐，成就了我们方案的突破。

而在我接触的很多企业中，“不让他说话，让他少说话”却成为了一些大企业家的做法，一个副总跟我一起去见董事长，我说话时，这个全国知名的董事长笑着点头，他的副总站在一边，总想发表点自己的看法，每一次开口说话，都被董事长说：不要说那些过程，说那些有什么用，只说结果和结论。副总低头不语了。又有一次董事长说了一个明显不太周全的策略，我与他争论，副总也开始与董事长舌辩，没想到董事长竟然边喊着他的名字“王强，王强，王强”，边说自己的理由，你知道，副总只能败下阵来。只剩下我单枪匹马。

这就是一个企业的可怕现实。

不让他人说话，不鼓励他人说话。一刹那，一个企业不知道少了多少创新的可能和跨越发展的机会。

很多企业家见我的第一句话就说：“徐老师，你要帮帮我们啊，现在的营销现状不太乐观。”

我总是说：“客气了，一定全力以赴，真想实干。”

私下里我却总在问很多员工，你们公司有没有经常开全体员工“开放营销突破大会”，让每一个员工都谈谈自己对产品营销的想法和忧虑啊？

结果是，类似这样的营销会开过，只不过是领导在训话，员工在听话而已。

这也是中国企业的一个毛病。

不是扔掉更多员工的“大脑”，过于依赖几个领导的“内脑”，就是过于排斥“外脑”，不愿意借助外力，整合资源，开疆拓土。

所以，我给中国企业家的建议是：减少说话，加强倾听。

中国企业，赶紧向你的广告看齐

曾经有记者问沃伦·巴菲特，什么叫两个人的合伙公司？

巴菲特答："两个人的合伙公司就是一切平分。如果我们没有完成对客户的承诺，我们俩要每天工作14个小时，每星期工作7天，直到完成为止。"

不知道听了巴菲特这个回答，你作何感想呢？你肯为了完成对客户的承诺，每天工作14个小时，每星期工作7天吗？

知道你又是一堆理由。做什么总爱找理由的人，他的人生最终会给他一个理由：你人不行，所以难成功。

什么叫合作？

合作就是合着把事情做了做好。

与企业合作。不就是与企业合着把企业的事情给做好吗？

若是这样想来，还需要分个你我，互相推辞，相互指责吗？所有事情不都应该是双方商量着来吗？多帮企业做点，多替客户想点，不都是很应该的事情吗？

可，再看看，当下的合作关系，有多少是虎头蛇尾的？有多少是不欢而散的？又有多少是对簿公堂的？

原因不都是因为没有彻底理解合作的内涵吗？

突然有了这样的想法：从来不得罪企业家的策划家有什么用？

说完这句话，得罪企业家的策划家就来了。

很久不看电视，偶尔一看，也有惊喜，很多广告拍得越来越好看了，越来越有点国际感觉了，越来越美了。

北京现代的索塔纳都出第八代新车了，广告做得很炫很范，但没有看出第八代好在哪?

美的的广告更是横跨北京、上海、广州大场面大制作。

奇瑞推出瑞虎汽车的广告也有点意思。

山水啤酒的广告还可以。

蒙牛的广告还是那么多。

广告在眼前一个个过。

我就在想：这些广告中哪个不都有点过了？哪个不是在夸大，其实哪个不是过度美化了产品和企业?

这就是当前大多数中国企业和中国广告的最大问题。

大部分广告拍得很美很酷很准，可产品却很差，不深究还可以，一深究麻烦了。

大部分中国广告进入一个误区：只拍美，忘了真和善。之所以进入这个误区，是因为背后有中国企业在推动，我给你钱，让你给我拍广告，当然是怎么漂亮怎么拍，真的效果不好，就做假的，用三维做，反正怎么提升形象怎么来。

大部分广告人就成了助纣为虐的主。

看一个女人美不美，不要看她化妆后，要看她清晨刚起床时的样子。

同样，看一个产品好不好，不要看它的广告，要看它的企业，看这个企业的员工，看终端销售人员，看他们的品行和品位。

没有好员工，哪里来的好企业？没有好企业，哪里来的好产品?

所以，这里就有了两条大路可走。

一条是给中国企业的，广告公司帮你拍的广告很美很棒，给你提的概念和策略也不错，这很好，但是这不过是他们的一厢情愿，两情相悦还要看你的真实行动，你为什么不赶紧按照他们给你描绘的蓝图去努力呢？你为什么不能名副其实地做到像你广告中说的那么出类拔萃呢？不然，你早晚不都会被消费者看穿吗?

第二条是给中国广告公司的，拍美，这些年我们长进不少，但是不是也该学学怎么拍真，拍善了呢？真诚是最好的战略，真实是最好的卖点，真挚是最好的创意，善待顾客、善待员工、善待环境、善待社会也是最好的品牌营销和企业担当。当媒体到处都充斥着假、大、空的广告时，是不是真、善、美广告更会一下子被广告呢？

当别人贪婪时，要害怕；当别人害怕时，要贪婪。

从来不得罪企业家的策划家没有用，从来不得罪广告人的广告人不可信。

“少一两，补一千”不就是一所天下最好的商学院吗

寒冷与夜晚如约而至。

藏在羽绒服里的心，出奇地快乐。

我喜欢这样的时刻，一个人走在冻土与冷气中，什么都看，什么都想，给眼睛和心无限的自由。

它们也都是有良心的朋友，反馈给我的东西总是让我应接不暇。

没有不快乐的时候，没有不温暖的天气，没有不让人惊叹不止的事物，没有一成不变的风物。

我是地球的大盗。

我是无人察觉的小偷。

一出门，我就开始拼命偷，偷听，偷看，偷思，偷闻，走到哪里偷到哪里，见什么偷什么，偷人，偷书，偷歌曲，偷电影，偷草原，偷月亮，偷车灯，偷牌坊，偷中年，偷老年，偷少女，偷孩子，偷法国，偷巴厘岛，偷政治家。

这样的独身夜色我又岂能辜负。

走向报亭，先是偷看那一架子一架子的杂志，偷看得差不多了，就买了一本《时尚先生》，这是第二本我会从一月一直买到十二月的杂志，另一本是《哈佛商业评论》，不是它有多好，只是坚持是我最大的特点，这本杂志里有好看的“先生读本”和一些不错的专访，我坚持读《时尚先生》，也许会让我不至于那么土。我总是这样想。

拿着杂志往前走。行人三三两两从我身边划过。

人生最大的疑问就是：他们是谁？他们要去哪里？他们为什么会在这里？他们会有多少智慧和创意？他们的潜力实现了多少？他们过得幸福吗？他们有什么不能说的秘密呢？他们都是正大光明的人吗？

这个世界最大的冷漠就是人与人之间的冷漠。七十亿地球人，我们能够促膝攀谈的又有几个？能够分享思想和快乐的有几人？能绝对无私相助的人有多少？能安静地听完你的诉苦的人有几个？

所以你要成为名人，因为名人有机会跟更多人分享人生，有条件影响和帮到更多的人，他们也许会改变一些人的命运，运气好的话或许还会改变整个世界。

路过一个水果摊，只偷看了一眼，我的胃就与我的心还有我的嘴做好了充分沟通，我问：柿子饼怎么卖啊？穿着棉大衣的中年男人说：六块一斤。我说：来一斤。男人给我拿来一个塑料袋，这下我只顾着从框子里往塑料袋里捡柿子饼了，忘了偷看他帮我撑袋的手，这让我后悔不已。错过了一次偷看，也许就错过了一种独特的感受。

我说好了，他就提着我捡的柿子去称秤，接着我说了一句现在想来显然不该说的话：称好啊。

男人边称边说：这个您放心，少一两，补一千。看样子是他妻子的双手交叉插在衣袖的女子也跟着说：您尽管放心，少一两，补一千，保证足斤足两。

我抬头看着他俩，显然有点感动，跟着他们说：少一两，补一千，谢谢啊。

提着五元的柿子饼和五元的瓜子走在回家的路上，突然就想，这个商学院六十几万学费，那个 EMBA 班四十几万学费，其实他们在学什么，“少一两，补一千”不就是一所天下最好的商学院吗？他们真的有了“少一两，补一千”的纯朴和诚实，凭他们的能力和资源做什么不都是前途无量，可笑的是，他们花上几十万学费学来学去，讨论来讨论去，感觉学到了一些“经商的技巧和方法”，却不知道那些技巧和方法永远不可能拯救他们每天都在进行的“缺斤少两”和“打擦边球”的恶性运营，不知道谨记和有勇气说出

“少一两，补一千”就是最好的经商之道。

我妈经常说从农贸市场买回来的鱼与蟹总是差二三两，说从“华堂超市”买回来的却一两不差。我就说：那就多去超市里买，少去农贸市场买吧。我妈又说：超市里什么都比农贸市场的贵。

看来新问题又来了：足斤足两的贵一点，便宜的又缺斤少两。

我不知道有多少人每天都在面对这些本来不该有的生活的烦恼？

我更不知道做一个好人做一个好商人真的有那么难吗？

第三篇

中国企业，路在何方

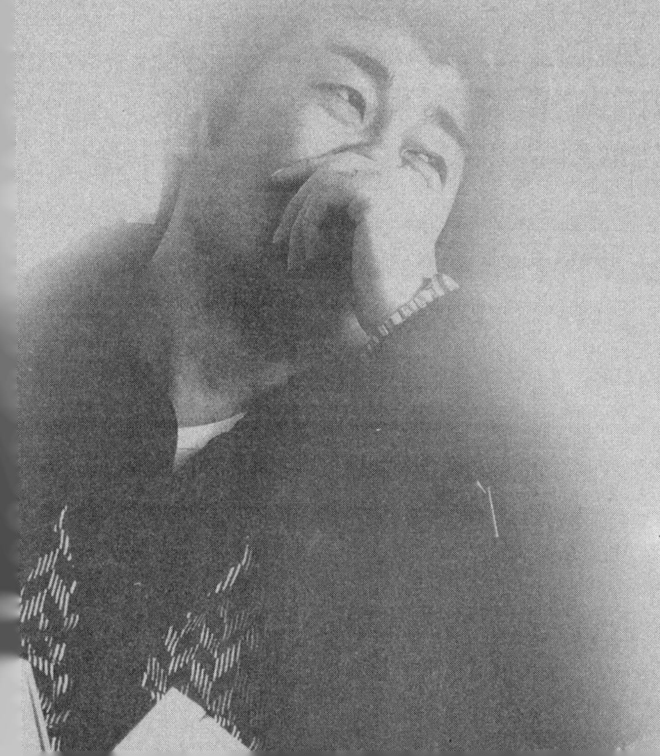

我喜欢“万宝龙”的十个理由

一、它的个性真男人，它的故事真动人。

二、它的 LOGO 真美，源自白朗峰雪顶的六角白星标记，看一眼就爱上。

三、它的代言人真棒，尼古拉斯·凯奇总是那么不平常。

四、它的广告语真好。万宝龙腕表的广告语：总有非凡故事。万宝龙书写工具的广告语：书写历史。

五、它的东西做得真考究，工艺真讲究。

六、它的品牌调性真符合我想要的感觉。

七、它的品牌联想总是一再吸引我。

八、它的文化与艺术的创造，在产品上体现得真彻底。

九、它的爱真大，万宝龙与联合国儿童基金会合作开展的“书写的力量”全球扫盲行动正在开展。

十、它的只做“世界最好，人类最爱”的产品定位真有远见。

爱马仕在卖什么

国贸爱马仕专卖店离我们的办公室不到500米远。

穿过一条马路，再穿过一些初冬的树和广告牌，就来到爱马仕的世界。

站在店里，我能看到很多年轻的女子眼睛里有火。

一双眼睛打量着另一双眼睛，羡慕嫉妒恨轮番上演。

作为一个男人，在奢侈品店里才能看清一个女人的本质。

朴素的幸福，好像在这个世界老早就行不通了。

男人继续难，女人继续欲。

男人女人都喜欢爱马仕。

男人女人中都有吃不到葡萄说葡萄酸的人。

不就是一个包吗，成本不过一千块，却卖几十万，不就是一件复古毛衣吗，成本几十块，却卖几万，傻子才会买。

可怕的现实是抢着买这些包和衣物的傻子每天都在增长，还有更傻的傻子，愿意为了一个限量包等上两年，为了买一条爱马仕丝巾不远万里搭飞机去法国。

回头，这些傻子带着爱马仕一上街，却都成了让人嫉恨的明星、有钱人、品位人。

这时候，很多人才发现，这些傻子原来都是聪明人富有人。

一个爱马仕为什么让这么多人为之痴狂为之膜拜？它到底在卖什么？

其实，爱马仕在卖“奢侈”。什么叫奢侈？奢侈就是稀有珍贵，爱马仕是在卖“世界最贵”，因为世界最贵，消费者自动认为“世界最好”，因为世界最好，所以一包难求，因为一包难求，所以更贵更让人迷恋。

爱马仕在卖一个“极致成功的符号”，拥有爱马仕，就拥有了这个符号，有了这个符号，你就有了进入“富贵阶层”的钥匙，就有了上流社会的身份，就会更有魅力，八面玲珑，机遇增多，能力增强，实力扩张。所以，想明白这个道理的人都在拼命购买这个“极致成功的符号”。

爱马仕在卖“只有一件”，在它的店里无论什么产品，一个花色一个款式只有一个，卖了就没有了，曾在巴黎一个爱马仕旗舰店里看到两个女孩子抢一个包的激烈场面，当时我就想笑，可朋友说，你别笑，若你碰到喜欢的东西，而且这个世界上只有一个，错过这次机会，再就没有任何机会了，你是不是也会去抢呢？我无话可说。

爱马仕在卖与众不同的设计和制作，只看到爱马仕的模仿品，没看到爱马仕的平庸品。制皮大师、制表大师的海报经常可见，大师潜心几年的手工制作，不叹而观之，就只能俯首称臣。

爱马仕在卖“国际潮流”、“法国品位”、“巴黎情绪”，在卖让人无法挑剔至精至美的有着无数故事和传奇的家族国际顶级奢侈品牌。

爱马仕在卖独有的爱马仕气氛、气味、气质。你进入它的店，买了它的产品，提上它的包装袋，你就会明白我的意思。

所以，这就给了我们广大的中国品牌很多启发。

中国为什么没有本土奢侈品牌，因为中国企业不懂得包装奢侈品，不知道怎么把一个东西变得奢侈，不懂得怎么让消费者觉得奢侈，不了解奢侈品也是策划创造出来的，不知道奢侈品最重要的不是历史而是感觉，一种让人恍若隔世的梦幻感觉，一种超离平凡提升自我的难忘感受，不知道有些东西之所以贵，是因为它们贵，不知道“只有一件”和“限制客流”都是营销策略，不知道这个世界最值钱的是什么，是“最”，无论你创造出什么“最”，都能赚钱，世界之最，成就世界首富。

不知道消费者买的不是那个装东西的包包，买的是他人对他的认识。

方正集团，真的“正在你身边”吗

世界上几乎所有的策略大师和创意英雄总是把细致观察生活看做是“金科玉律”。

他们几乎遍访全球各个有意思的角落。街边的小卖部里能看到他们的身影，一幅名画的前面能见到他们的伫立，一个炊烟缭绕的美丽山村能发现他们清新的样子，沙滩上戴着墨镜东看西瞅的人中也一定有他们，早市与菜农们聊天的人有他们，高尔夫球车上载着他们，地铁最挤的高峰期他们会来凑热闹，偶尔在酒吧的醉生梦死中也会邂逅他们。

他们无处不在，他们在哪里，想法就在哪里，创意就在哪里，开阔就在哪里，突破就从那里开始，妙想就从那刻出生。

我喜欢这样的人。我喜欢这样的人生。

所以，我每天都有奔头。

人最怕什么？最怕没奔头。

一个企业最怕什么？最怕没给人奔头。没给世界希望。

这些天我又遇到一个没有给消费者奔头和梦想的企业。

这个企业还不小。

它就是“北大方正”。

无论是在机场还是高铁站都能看到方正集团的广告，它的广告语统一为：正在你身边。

第一次看到这句广告语时，我就有一个疑问，正在我身边干什么？

正在我身边与我有什么关系？

哪个产品哪个品牌不正在我身边？不都想让我买单？

凭这句“正在你身边”就能让消费者“消费方正”吗？

也许，有人会说，他们的这句广告语是说他们的产品、他们的 IT 制造、IT 服务、金融、物产正在你身边。

我知道了，它们是在我身边，但我不会去主动购买方正的任何东西。这才是问题的关键。

本来，他们企图通过制作精美的广告，有点小技巧的广告语来吸引消费者关注，来促进人们行动，却不想弄巧成拙，永远呆在很多人的身边，却很少能走进他们的生活。

我们都知道有个方正，却很少有人“正在消费”，这就是方正的尴尬局面和矛盾现实。

我在想，方正的这句不疼不痒的“正在你身边”的广告语是不是可以改成“方正为人”呢？

若把当今的企业比喻成人的话，现在的卓越企业就应该是圣人，像特雷莎修女一样，具备高尚的品德和一颗真诚而充满关爱的心。

我总是苦口婆心地跟中国的大企业家们说，他们的企业本质上应该是“公益企业”，他们的产品应该是“公益产品”，他们的研发应该是“公益研发”，他们的生产应该是“公益生产”，他们的营销应该是“公益营销”，他们的广告应该是“公益广告”，他们总是一脸不解，我总是不停地跟他们解释，这个公益不是你理解的那个简单的捐款捐物的公益，我说的这个公益，是希望你们能从今天开始做的所有事情都是有助于“造福人类，改变世界”的事情，所谓的公益是“三得利”，消费者得利，社会得利，企业得利，这也是我一直在推行和倡导的“利国利民利己”的策划理论，利国利民才是长久利己。

广告语改成“方正为人”，一语双关，也许大家都不好意思说现在“方正做人”的人越来越少了，大学还没有毕业，就抽烟喝酒吃喝嫖赌，说出来很多人都不敢相信，但若你真正靠近他们观察他们，你就会发现，我没有说谎话，所以方正集团有责任有担当来利用你“方正的灵魂”来推动人类“方正的作为”。

难道你们不可以举办一届“中国大学生‘方正为人’创意节”吗？难道你们不能成立一个“方正为人促进工程”促动全民“方正为人”吗？难道你们自告奋勇的担当和付出会没有名利双收的大回报吗？

方正为人，不也说明方正企业的所作所为、所有业务板块、所有产品和服务都是为了人，都是为了让人更加幸福快乐而创造的吗？

方正集团，可以尘封你的金字招牌，但是我还是要告诉你：真正的智慧和独创性源于懂得说出自己的不足。

北京汽车为什么不懂得卖“京车”

终于还是没忍住。

在中国做策划人很窝火。

大部分中国企业家的眼睛和内心都好像被蒙上了一层细纱，看不清本质，想不透本身，不是忘本，就是忘恩负义。

每天都为他们的“胡作非为”而着急上火，他们都怎么了，想帮助他们，他们有时候还咬着牙死不承认自己的南辕北辙和本末倒置。

就是勉强默认自己的不足和局限，还是会找出一大堆的理由和借口。

理由和借口都是弱者的子弹。

他们正在变成弱者?

今天说说北京汽车。

起因是我与公司设计部同事们讨论正在为客户做的一个LOGO的创新时，同事翻看网页的时候我看到了北京汽车的LOGO。

看到这个标后，我的火气一下子就来了。

有人会说了，徐大伟，你怎么总是这么火气大。

你不懂，没有火气的人成不了大器。

这个世界之所以有时候让人难以忍受，就是因为这个世界上忍气吞声的人实在是太多了。

北京汽车怎么能用这么一个 LOGO？

一个“北”字能代表北京汽车吗？北京汽车的一些同志们一定会说：北字能代表北汽集团。

可我问你：北汽集团全称是什么？不是“北京汽车集团有限公司”吗？

北京的核心价值是什么？是北？

是京啊。

什么叫京？

国都，首都，京华，京畿，京都，京城，天子之城，就是京啊。

北京出品的东西都应该代表“北京高度，首都品质”啊，都应该是“京品”啊。

不管是北汽集团还是北京汽车的核心价值是什么？

是北？

傻不傻，当然也是京。

北京汽车的核心营销战略应该是什么？

是卖北京。卖京车。

不知道你们能不能完全明白“京车”的涵义和张力，不知道你们是不是懂得怎么创造出一辆通行天下的“京车”？

先赶紧把“北”字标换掉吧。

在错误的路上做任何努力都是徒劳的。

换成“京”字标。

正式推出“京”牌车。

广告语带出北京的大气和中国的胸怀：京车，四海之内皆兄弟。

一个万众瞩目人人皆知的中国首都北京生产创造出来的“京车”，怎么可能是现在这个样子？北京奥运精神、北京精神，都哪去了？“京车”怎样从内饰到外观甚至是产品研发、生产设计、营销推广、公关活动都体现出“爱国，创新，包容，厚德”的北京精神，不是北京汽车的竞争力之一吗?

中国文化和中国精神不也在等着“京车”来彰显和传播吗?

而现实多可怕，一些著名的企业人跟一些知名的创意人硬是驾驶着北京汽车，转来转去，找不着北。

奇瑞汽车怎样“出奇制胜”

一个人不是战士就是叛徒。

真正的战士都死在战场上。

我的战场是策划。

每天清晨我都在思考今天要打一场什么仗？

一天一仗，风雨无阻。

为谁而战？为何而战？

一天的时间很紧张，我必须想清楚。

每天都有新仗要打。对于一个真正的战士来说，这就是幸福。

今天打“奇瑞”这场仗。

家家都有本难念的经。

这个家不仅仅指的是家庭，可以是一个公司，一个学校，甚至可以是一辆车。

我知道奇瑞的日子越来越不好过。

我也知道有一种感觉叫力不从心。

眼看着自己的表演越来越没有观众，演员伤心，导演更痛。

奇瑞最大的问题是“平淡无奇”，总是在迎合别人的情况下，迷失了自己的本质。

奇瑞是谁啊？

奇瑞是“奇车”啊。

奇瑞需要“出奇制胜”啊。

让平淡无奇的“汽车”从此失宠，让“奇车”的奇光异彩照亮人类。给这个世界开启一个前所未有的“奇车时代”。

这才是奇瑞应该干的事。

为什么中国人不爱买“中国车”？因为中国车产品质量差，品牌形象土。

90% 的中国品牌都有一个问题：土。“去土”是它们共同面临的挑战，是一场持久的攻坚战。

什么叫酷？个性就是酷。

什么叫时尚？时代崇尚就是时尚。

作为一辆改变“中国车”形象，提高“中国车”层次的“奇车”，你首先要有一个“奇标”，把之前的那个代表“本土汽车”的奇瑞标志赶紧换掉，换上一个能够代表“传奇之车”的标志。

有了“奇标”，需要“奇品”，汽车性能、技术、内饰、驾控体验必须堪称“奇品”，坚决在产品品质和品位上创造奇特。

接下来就是“奇观”，怎样让这辆汽车的造型、动线、色彩、符号看起来像“奇车”，怎样让一辆平淡无奇的车变成一辆争奇斗艳的车，需要你的奇想天开。

你的广告再也不是那些人云亦云的“汽车广告”了，你现在需要的是给“奇车”做“奇车广告”，开始“奇闻之旅”吧，把这个世界上第一辆“奇车”的故事和奇迹大声地告诉全世界吧。

人的一生总应该有一辆属于自己的“奇车”。

广告语当然也要换成：传奇人生，奇瑞汽车。

还参加那些车展吗？

算了，该做一个自己的“世界奇车展”了。

还要那样的模特走秀吗？

别逗了，是时候举办一届“奇车模特大赛”了。

谁在开奇车？

与众不同，忠于自己的“奇人”在开奇车。

你开的什么车？

奇车。

OK。

“宝马之悦”真的是宝马在中国市场的基石吗

在这个世界上只有两种人才能一针见血地指出宝马的问题：一种人是宝马车的用户，一种人是放弃宝马选择奔驰的车主。

荣幸的是，作为后者，我有了话说。

这样的开头总会引来不少麻烦。

宝马人讨伐我，宝马车主讨厌我，宝马的拥趸者会骂我。

但我没有打算妥协。

与这个时代不妥协，与这个时代的人和事不妥协，与年轻人不妥协，与创意不妥协，与困难不妥协，这一直是我的哲学。

我总是给自己说：不要一个例外，你就容易坚持。

就像我坚持想法日报，我坚持给品牌挑刺一样。我用坚持换来了不少东西。

这种坚持会慢慢成为我的风格。

功成名就全靠它。

很多人会说这不是一个好写的题目。

但是一个大师说过这样一句话：没有什么题材是糟糕的，只要做事是真诚的，只要行文干净而率真，并且颂扬的是强压之下的勇气和从容。

所以，我力从我心。什么都不怕。

宝马集团大中华区总裁兼首席执行官史登科在《哈佛商业评论》的记者专访中说了这样一段话：“对我来说，对我们的营销和在中国的整体业务而言，‘宝马之悦’是最后一块缺失的基石，我们终于找到了它！‘宝马之悦’的核心观念是以人为中心。不管我们做什么，始终把人放在核心位置。我们开发更好的安全性能，为了人；我们致力于提高燃油效率，为了人；我们开发电动车，也是为了人。”

听了他的话，也许很多人会说，到底是宝马高管，说话头头是道，但我依然想说真话，我觉得他对宝马的理解太肤浅了，说的宝马核心观念太常规太低级了，说自己是以人为本，请问那个汽车厂家不是以人为本，哪辆汽车不是设计创造给人用的？

作为宝马，显然，仅仅做到“以人为本”还远远不够，起码应该做到“以人成功为本”。

宝马之悦，这个口号也同样让人没有感觉，十几万的车也整天都在喊着这个悦那个跃，悦来跃去，都不过是一个广告套路而已。

宝马在消费者的心理认知中到底是一个什么样的品牌？提起宝马，中国消费者首先会想到什么？

在大部分的消费者心目中宝马是世界高级汽车品牌之一，提到宝马就会想到是有点钱人的座驾，再细想就是刚刚富起来的中小老板的选择。

在我看来，宝马是在卖“走向成功的路上”的感觉，宝马是高级汽车的入门车。

看看宝马新5系的广告语“梦想之路，大美之悦”就知道。

宝马在反复销售“走向成功的路上”，而奔驰就不同，它反复销售的是“功成名就”的阔绰从容质感，卖的是“成功者的座驾”。

所以我也放弃了宝马，选择了奔驰。

从当初选择奔驰到今天，我一天比一天更相信自己的选择，宝马真的不符合我的感觉，奔驰才是我的喜爱。

我一直不明白，宝马怎么不知道销售“成功者的激情”和“成功者的态度”？

难道宝马不明白人人都希望买一台能证明自己已经成功了的座驾而不是买一台让人知道自己正在走向成功路上的座驾吗？

这是两种营销：一种是“成功营销”，一种是“助你成功营销”，显然，宝马不应该是“助你成功营销”，“助你成功营销”应该是大众汽车的路子，宝马应该是“成功营销”，应该给消费者提供的是“成功感受”、“成功之物”才对。

顾客买宝马不是为了买一个“喜悦”，买的应该是一个有着“无限阅历”的成功符号和不凡动力。

从“悦”到“阅”，我建议宝马赶紧放弃“宝马之悦”，推广“宝马之阅”。

与世界共同建设分享超凡脱俗奢华迷人的“宝马人生”。

十招助力中华汽车

第一招：举办“中华汽车模特大赛”，选出冠亚季军，作为中华汽车形象大使，出演广告。

第二招：创新推出“大中华”系列豪华汽车，提升品牌形象，发掘品牌价值。

第三招：举办“中华之美汽车内饰时尚节”，创意中华内饰，彰显中华之美。

第四招：推出广告口号——中国路，中华车。中华汽车，东方智造。

第五招：推出女性专用车——中华小姐车。

第六招：推出越野车——中华英雄。

第七招：举办“‘品味中国，品位中华’中华汽车环球行”活动。

第八招：联合政府举办“中华文明驾驶周”活动。

第九招：推出公务车——中华腾飞系列。

第十招：成立“中华汽车会”，与中华汽车车主共享中华荣耀。

“别克君威”何不卖“君子文化”呢

接天莲叶无穷碧，映日荷花别样红；明月别枝惊鹊，清风半夜鸣蝉；水晶帘动微风起，满架蔷薇一院香。

夏至快乐。

夏至来了。关于夏至的创意哪里去了？

这个世界上，有没有人想过夏至的点子和创意呢？

夏至这个创意题，不是大有文章可做吗？

一个字、一个节气、一首诗都是一个创意题，都是一条灵感河。

上午去了一趟“东方广场”。

中午就有了这样的想法：东方广场只是一个名字吗？东方广场不应该是一个地产项目的理念和灵魂吗？东方广场“东方”在哪？哪里体现了“东方”？

什么叫东方？

东方的智慧和精神是什么？

东方的品位和气质是什么？

东方的韵律和味道是什么？

东方广场是不是应该体现？

东方广场当然没有一点体现。

因为不用体现，已经很兴隆了。

这就是问题所在，大部分的人不会去想这个问题，不会对东方广场有这个期待。

没有要求，没有成就。

“东方广场”是一个名字。“别克君威”不也是一个名字吗?

无论是车的外观、内饰，还是品牌精神哪里体现出了一点“君子”的感觉?

君子不齿。君子博学。仁义君子。君临天下。谦谦君子。正人君子。

君子的文化博大精深，别克何不卖“君子文化”呢?

别克君威的主事者，一定会不耐烦地问我：你说得倒轻松，怎么卖君子文化?

“别克君威，君子座驾”就是你们的设计理念和营销战略。

至于到底什么才是君子座驾，怎样才配得上“君子座驾”这个定位，“君子座驾”的外设计和内装饰应该什么样，应该怎么体现出君子风范和君子高风，这就是你们全体人员的创意课题了。

不能设计一个“君子徽”缝制在座椅上吗?方向盘不可以设计成“君子舵”吗?仪表盘不可以设计成“日、月、星”吗?车钥匙扣不能做成“君子扣”吗?车头上不可以挂上一面“君子旗”吗?“君子兰”车灯做不到吗?君子文化皮饰不行吗?不能为别克君威车主成立一个“君子会”吗?不能举办“君子论坛”吗?不能赠送车主“君子手册”、“君子驾驶指南”吗?

艾萨克·牛顿曾说：“我们造的墙太多，而修的桥太少。”

夏至到。墙未倒。

失去“王老吉”的加多宝应该怎么办

一、换包装：继续沿用王老吉的红罐包装不是长久之计，更不是重生之道，赶紧全新提升现有设计，着重在“包装品质和品位”上下功夫，甚至创造“公益包装”，罐体印有“公益语录”。

二、重新定位：加多宝凉茶，中国凉茶首选品牌。

三、加多宝凉茶广告语：不怕上火，喝加多宝。

四、加多宝推出凉茶品牌：“不怕上火”牌凉茶。

五、加多宝凉茶营销战略：改名换装求进步，国际品牌加多宝，继续强化和展现加多宝的品质、品位、品德、品行，凸显加多宝品牌国际气质和性格。

六、行业营销：作为中国凉茶旗手，应该做一些推动行业发展和彰显凉茶文化的利国利民利己的事情，比如成立“中国凉茶研究院”，举办“中国凉茶文化节”，设立“凉茶大师奖”。

七、公益营销：启动“喝加多宝凉茶就是给孩子们多加宝”公益活动，消费者每购买一罐加多宝凉茶，加多宝公司就为“加多宝扶贫基金”捐赠五分钱，专门用于给贫困山区孩子们购置文具和衣物。

八、加多宝品牌发展战略：给人类加多宝。

九、加多宝集团定位：世界级健康食品饮料企业集团。

十、加多宝品牌口号：加多宝，给身体多加宝。

健力宝何时卖“宝水”

楼下的美女让我感到了夏天的可爱。

多热一度，多看一眼。

你给大众播下什么就会收获什么。

很久前就把她忘了。

没想到，说断就断，很多年了。

她曾经是我的最爱之一。

她曾经是中国的骄傲，大家都喜欢她。

而今，我不再熟悉她了，她风华不在，疲惫不堪。

我还会爱她吗?

她还值得爱吗?

这个让我又爱又恨的她——健力宝饮料。

作为曾经的恋人，作为“策划之侠”，不仗义执言，不挺身而出，心里头过不去。

还是说说我对她的不满和建议吧。

健力宝你知道你是谁吗?

你是“中国之宝”啊。

你是宝，你的瓶子应该是“宝瓶”啊，多少年过去了你还是穿着上个世纪的衣服，你不烦，我都烦了，什么样的包装才能算是“宝瓶”啊，想想啊，然后给自己换个时代造型，跟上潮流，最好能像以前的你一样，风格独特，独领风骚啊。

有了让人爱不释手的“宝瓶”，再听听你的广告语，什么叫“常喝健力宝，平衡活力好”，什么意思，没人听你解释，听到什么是什么，认为什么是什么，听不懂，说了也白说。你的广告语不是现成的吗？“健力宝，健康之宝”，若觉得这句不好，非要突出活力，“健力宝，活力之宝”不比你现在的广告语强？最好的广告语是“取之于民，用之于民”的广告语。

广告语换了就行了吗？

当然不行，你还是不知道自己是谁。

你不是说自己是“含碱性电解质，含天然蜂蜜，不含咖啡因，国家体科所二十年经典配方——国家体育总局体育科学研究所二十年跟踪研究的经典配方，更适宜国人饮用”吗？

这么著名经典有益身体的饮料是什么？

不就是“宝水”吗？

既然是“宝水”，你的广告是不是可以这样做：你喝什么？来瓶宝水。健力宝，我的宝水。

简版：喝什么？来瓶宝。健力宝，我的宝水。

女孩版：你喝什么？来瓶宝宝。健力宝，我的宝水。

甚至，健力宝公司为什么不能直接推出一个“宝水”饮料，为什么不能针对90后女孩推出一款“宝宝水”？

释迦摩尼说：“人们在旅途中会犯两种错误，不走完全程和不迈出第一步。”

健力宝两种错误都犯了，不坚持营销“宝水”，推出莫名其妙的“第五季”饮料和“爱运动”饮料，本末倒置，眼下健力宝的当务之急是把“宝水”营销到位，创新了“宝瓶”，定位了“宝水”，有了“宝语”，接下来就是“宝销”了。

健力宝、第五季、爱运动三个饮料品牌可以联合促销啊，堆头就叫“三宝殿”，口号：无时不喝三宝水。

也可以启动“公益营销”，举办“‘改变世界，无价之宝’寻找100个改变世界的方法大赛”，然后把选出来的最棒的10个改变世界的方法印在健力宝饮料瓶上，促动广大青年行动，启动“健力宝改变世界计划”，每年评选奖励十位为改变世界做出特别贡献的“中国之宝”。

通过决心改变世界来改变你的所为。

健力宝。

“美菱”这个名字这么美，为什么做得不好

早晨翻看我的微博，发现了一位来自合肥美菱股份有限公司品牌推广部的粉丝。

突然感觉“美菱”这两个字很美丽。

该“骂骂”美菱了：为什么名字这么美，做得却不好。

有的人忍不住说：你净干些得罪人的事。

其实，有几个人真的清楚：我净干些帮助人的事。

很多事还不收分文。

美菱的同志们一定会说：你了解我们吗，我们做得还可以啊。

做得还可以的企业我见多了。

最后都慢慢萎缩变得不可以了。

原因都是自以为还可以，几年下来没有大的突破造成的。

美菱怎么突破？

打开美菱的网站，迎面扑来的是“雅典娜法式冰箱”、“雅典娜意式冰箱”的大幅图片，明白，这是你们这个行业的路数，给单品起个洋名，穿个洋服，混充“洋品牌”，很多家电品牌都这样，丢了自己，装了他人，最后变成“四不像”，舅舅不疼，姥姥不爱。

美菱是谁？什么才是美菱？美菱的价值观是什么？美菱的核心竞争力是什么？美菱的品牌联想是什么？美菱的气质和个性是什么？美菱让人认同和喜爱的理由是什么？非买美菱不可的人有多少？

美菱人请回答。

答不上来，就应该请教人。

民间净是高人。

笔下自有力量。

不知道美菱股份的董事长能不能回答上面的问题。

我想也很困难，看你们的表现就知道。

美菱到底应该卖什么?

当然是卖美?

卖什么美?

卖美冰箱、美理念、美生活、美人生。

什么叫“美冰箱”?

成立一个“让冰箱美起来”研发中心，开发设计出世界上第一台“美冰箱”，然后再启动一个“让你家里的冰箱美起来”计划营销“美冰箱”。

有了“美冰箱”，你就应该卖“美理念”。

什么“美理念”?

健康生活理念。

应该卖“美菱健康生活方式”，美菱品牌的口号应该定为：美菱你的生活。

并且启动“美菱绿色冰箱”工程，研发设计真正的“绿冰箱”，不但颜色是绿色的，能耗性能品质更是绿色的，开展“美生活，绿冰箱”中国行路演活动，聘请“绿冰箱”推广大使，举办“美菱健康生活方式文化节”，发放“美菱健康生活方式手册”，赠送“美菱健康冰箱贴”，捐赠贫困学校和孤寡老人“绿冰箱”。

有了“美冰箱”和“绿冰箱”，美菱冰箱的广告语就出来了：美菱冰箱，外表美，内芯绿。

美菱，若这还不算美，请美给我看。

从“奥康”和“康奈”的广告语说起

初五的清晨依然炮声隆隆。

辞旧迎新的气氛一点不减。

老人们都在说越来越没有年味了。

年轻人们说过年真没意思。

中年们聊起来就是婆婆媳妇家长里短。

全中国人都在吃喝玩乐中沉浸，一户不落。

年味淡了，是因为人味淡了。

很多中国年轻人越来越不爱过中国节了，觉得中国节是长辈们的节日，很多年轻人的家里连一个福字都不贴，更不用说贴对联，挂灯笼，包饺子了，除夕之夜出门吃西餐的年轻人依然排起了长队。

人味淡了，一切就都淡了。

亲戚朋友之间也不像年老的一代人热情和亲近了，富亲戚只爱跟富亲戚走动了，有钱的同学只爱跟有钱的同学聚会了，当官的人只愿意跟当更大官的人拜年了，越来越多的人只回拜年短信不主动发短信了。

天天都在听着无数的祝福的话，我一直在想，大年初五，有多少老人正因儿女的不孝生气上火，有多少人正在遭受无人替代的痛苦，我们却只顾着说着吉利的话，根本就不会去想，人生短暂，最大的祝福是让每一个人都不要失去人味，让每一个中国人都知道什么是中国，都有情有义正直挺拔地活在这个世界上，找到自己真正爱干想干的事情，找到自己的用武之地，看到自己的光明，拥有自己的理想。

能在这样的日子里写一篇相对长的文章其实是不容易的。

你不知道我需要多么善于抢时间多么有决心才能在热闹的人群中坐下来跟你说会话。

这不是一个静心的日子。

这个时代的很多事情都是拧巴的，甚至都是颠倒的，自相矛盾的，需要你去判断，你去理解，你去独立思考，需要你自己把它理清、理顺，你才能成长，才能不做“龙年的后进生”，成为时代的弄潮儿。

过年的最大意义是辞旧迎新重新出发，在这段时间里你要想清楚辞什么旧，迎什么新，然后就是：想清楚，照着做。

在飞机上翻看一本杂志，看到了奥康皮鞋的整版广告，奥康皮鞋的广告语是：一路我享。我瘪瘪嘴，接着翻，没想到又看到了康奈皮鞋的整版广告，广告语是：每步都是享受。

我彻底服了，两个广告语有什么区别呢？都在形容享受。再看这两个品牌的名称，一个叫奥康，一个叫康奈，都有一个康，都想诉求健康，我不敢说到底是谁模仿谁，谁抄袭谁，我想说几千个中国字，成千上万个词语，为什么一定要取成相似的名字呢？有亿万个可以做广告语的句子，为什么要那么像呢？

这就是中国企业，中国企业家，中国创意人的真实水平，最擅长的不是创新，而是跟风、模仿、仿造、抄袭，自从《非诚勿扰》火了，你打开电视看看现在有多少个相亲节目？又有几个不是在照抄复制？

我不知道奥康皮鞋的广告语为什么不能是这句：奥康皮鞋，步步高升。或者是：奥康皮鞋，迈向成功？太土了？其实，一路我享，才太土了，一双鞋的舒适是标配，给穿这双鞋的人一种精神力量和一种内心舒适才是一个真正皮鞋品牌的建树。同样，康奈皮鞋的广告语不可以是“脚踏实地穿康奈”或者是“康奈皮鞋，一步一个脚印”吗？

这个星球上本无人，这个世界上本来没有电脑没有博客更没有你，没有我们现在的这种相识相知的方式，一切都是创造出来的，人活着主要的工作就是创造，造物、造事、造人，每时每刻都不要忘记人类的使命就是创造历史创造人生。

董卿跟刘谦说：两年了，我变了。

有的人却20年了，还没变。

真可悲。

洋河蓝色经典应该卖什么

洋河蓝色经典应该卖什么？

应该卖“时尚蓝”、蓝色文化。

怎么卖？

什么代表了蓝色？天空、海洋。

天空上可以做什么？

滑翔、跳伞、热气球。

洋河蓝色经典怎么与它们发生关系？

洋河蓝色经典＋滑翔＝“自由的天空”洋河蓝色经典滑翔挑战赛

洋河蓝色经典＋跳伞＝“跳出蓝色人生”洋河蓝色经典名人跳伞季

洋河蓝色经典＋热气球＝“洁净自己，洁净地球”洋河蓝色经典热气球城市公益宣传周

海洋里可以做什么？

冲浪、潜水、驾驶帆船、游轮度假。

洋河蓝色经典＋冲浪＝首届洋河蓝色经典冲浪大赛

洋河蓝色经典＋潜水＝“海誓山盟”情侣潜水月

洋河蓝色经典＋驾驶帆船＝中国青少年帆船夏令营

洋河蓝色经典＋游轮度假＝洋河蓝色经典幸运顾客游轮四国行

上了天入了海又能怎么样呢？

从此，洋河蓝色经典有了“时尚蓝”因子：自由、无羁、乘风破浪、挑战人生、超越平凡、梦想、有爱、敢为、浪漫、故事、品位、地位。

这才是“男人的情怀”。

消费者怎样能分享体验“时尚蓝”？

洋河蓝色经典可以成立“蓝色之友”俱乐部，随酒发放俱乐部申请单，邀请消费者成为“蓝色之友”加入专为他们设计成立的“蓝色之家”，尽享蓝色文化、蓝色家园之美。

给俱乐部成员颁发“蓝色之友”证书。

根据俱乐部成员社会贡献度和社会影响力的大小评选年度十佳“蓝色之友”。

成立“蓝色之友”商学院。

建立“中国蓝色文化博物馆”。

举办“蓝色企业家”论坛。

开设“蓝色男人大课堂”。

发布“蓝色之友宣言”。

聘请王石出任洋河蓝色经典形象大使。

开设洋河蓝色经典专卖店“蓝色之家”。

推出洋河蓝色经典“蓝色家族”系列酒品。

开发设计“海洋之心”酒。

开发设计“蓝色星球”酒。

赞助中国航天事业特别出品“蓝色航天梦酒”。

开启“中国蓝色海岸之旅”。

建设洋河酒厂“蓝色厂区”。

创意洋河蓝色经典“蓝色文化”广告。

成立“蓝色梦想基金”资助有梦想的年轻人探索大海和星空。

举办洋河蓝色经典蓝色文化节。

天津航空的空姐制服为什么这么难看

坐在这里，还能想起上次坐在这里的一景一物。

上次坐在这里“骂”了他们的大堂经理，播放这么难听的音乐。

今天，音乐变了。

趁着美乐相伴，必须要写一篇文章。

必须正在改变我。

必须把这本书看完。必须一个人想清楚这件事。必须写一篇文章。必须早起床。必须做别人做不到的事情。必须各个环节创新创意。必须颠覆。必须给自己一个谁也不告诉的位置。必须宽恕一切。必须坚持吃亏原则。

一个个必须，一天天，坚持下去，成就一切。

这些天有八个字经常会从脑子里跳出来：埋头苦干，享受成功。

这样想着就登上了西安飞往榆林的天津航空公司的飞机。

很少乘坐天津航空的飞机，这是第二次。

感觉一次比一次不好。

看了一眼机翼上的天津航空的吉祥物，难看。

一进舱门说欢迎登机的小姐的制服，难看。

从来没有见过穿裙子的女孩脚上还穿一双白色的运动鞋。

从来没有见过空姐穿这么难看的土色裙装。

从来没有见过美丽的人因为穿着丑陋的衣服如此大打折扣。

从来没想过一个航空公司的制服能设计得如此难看。

不知道这些空姐和空哥们如何看待他们土气的制服。

不好意思问他们。

不知道这是天津航空公司哪个老总定的制服样式。

不知道他的审美怎么这么疲劳。

我当然知道，在纷繁多样的空姐制服中跳出来不容易，你们想特别，想跟大多数航空制服做的不一样，你们想要有天津航空的特色，你们要别具一格。我都能理解。

但不能因为求特别，就把制服设计得这么不入流。

说你们不入流，你们一定勃然大怒。

但你们可以创造一个自己的“流”。你们是天津航空。天津是一个什么地方？天津不是一个国际海岸大都会吗？

一个中国时尚大都会的航空公司的包装设计怎么可以这么感官落伍呢？

一个天津形象窗口，一群天津形象使者，难道不应该有让人“见津一亮”的风格吗？

难道“天津航空，津津乐道”不应该成为天津航空的品牌战略吗？

在机场书店翻看一本商业空间设计书的时候，生发了两个想法：

一个是，航空公司的包装设计都这么丑，中国还有多少商场、酒店、专卖店、超市、门店、公司、品牌、产品的包装设计需要脱胎换骨？

另一个是，每次走进书店站不到半小时就离开的人，难有大作为。

天津航空，你们不能总在天上，很多时候，低下头就能看见美丽。

连“产品合格”都成了广告语的企业还有救吗

时间：2012年1月14日下午2点

地点：小区附近大超市

事件：缘由超市广播里不断播放的一句话

超市广播里播放的是这样一句话：国家质检总局抽查，蒙牛产品合格。

难道蒙牛的产品不合格吗？

产品合格是再正常不过的事情，而奇怪的是就这样一件事情却被蒙牛拿来标榜自己。

一个把产品合格都当成广告语不断播放的企业，是多么可悲的企业。它是不是说明这个企业底气不足，是不是暗示他们还有问题？每一次出了问题，蒙牛都会站出来说，我们已经解决问题了，我们再不会出问题了，然后搬出国家检验机构帮助自己证明，他们可以为你证明，他们只能证明你的现在，你的这批产品，他们怎能每一批次产品每一个包装都去检验，他们怎么证明你的未来，所以，过一些日子，你又出问题，无他，你还是老一套，赶紧拉出质检部门检验一批肯定合格的产品，花大价钱请公关公司找媒体帮忙解释帮忙解脱帮忙美言，立体广告不停地打。

其实，蒙牛，你再有这么一次，你的产品再出一次问题，可以说你真的无法再公关成功了，消费者给你的包容和机会已经够多了，不会再给你下一次犯错的机会了。

也许，你们打死都不信，你们会说，用你瞎操心，用你乱说话。

其实，这真是一件让人伤心的事，蒙牛曾经是一个那么好的企业，我们还合作过，没想到，而今，骄傲自满，不知道自己本来就应该是一家“公益企业”，“利国利民”本就是你们的成功之道，“每一天，为人民”更是你们的盈利之源。

这让人想到了我们的另一个客户远大科技集团的总裁张跃，他曾经说过这样一句话：“作为企业家，你的道德标准至少不能低于一个普通人。办一个成功的企业，企业的行为标准起码要高于普通人的道德标准。不能做损害他人利益的事情，在任何时候都必须这样，否则叫什么企业家呢？不如叫土匪头子。”

一直敬佩远大的张跃，敬佩他只做“非电空调”，不做“电空调”，而今又进军改写历史的“可持续建筑”。敬佩远大的道德底线“七不一没有”：不污染环境、不剽窃技术、不蒙骗客户、不恶性竞争、不搞三角债、不偷税、不行贿，没有昧良心行为。

张跃说：“我认为，环境污染本质上是精神污染。”

企业家们，请不要说，“我也想坚持自己的道德底线，可是大家都这样做，我们不这样做，就没有市场了。”其实，你的内心深处会告诉你，这是你的借口，是你缺乏勇气和胆识的妥协之举，张跃能做到，远大能做到，你为什么就不能做到？你更不要说，都这样了，无法挽回了，其实，既往不咎，过去的就让它们过去，从今年开始，从今天开始，在2012年的开头一切不都可以重新开始吗？

套用海子的一首诗送给广大的中国企业家们：

从今天起，做一个公益企业家，

利国，利民，经营企业。

从今天起，关心慈善和公益，

我有一家企业，公益大爱，美好世界。

光明乳业，光明世界，光明人生

音乐伴了很久。

坐了很久。

不知道该怎么开这篇文章的头。

内心无法平静。

不知道怎么面对这个世界和人类。

一群人的坏怎么能坏到这个程度。

被告人蒋兴国、蒋兴高等15人自2008年5月至2009年9月期间，先后在山西、四川、重庆、云南等地采取“打点子”的方式实施作案，共8起，致9人死亡，诈骗金额212万余元。所谓“打点子”就是先物色好“点子”，即作案对象，选择作案矿点，然后将“点子”骗至所选煤矿井下作业，乘其不备将其打死，再伪造成矿难事故，之后冒充死者家属向矿方骗取巨额赔偿金的作案方式。

看了这则新闻，我低落了。有这么丧尽天良人的存在是不是整个人类的耻辱，是不是证明人类离集体灭亡不远了，是不是证明其实我们所生活的这个世界还是黑暗的。

这让我想到了两句话：世界需要光明。人生需要光明。

想到这两句话，就想到了光明乳业。

谁能担当这个“光明世界、光明人生”的大任？

我想最合适就是光明乳业了。

伊利、蒙牛有内蒙草原牌可打，三元有“首都品质”可说，光明呢？你们卖什么?

我想光明当然是卖光明了。

从今天开始，光明乳业应该旗帜鲜明地启动“给世界光明”的品牌战略，推出“光明的牧场、光明的养牛、光明的挤奶、光明的生产、光明的包装、光明的出厂、光明的上市”，强化“光明的制造，光明的品质，光明的广告，光明的销售”。什么叫“光明的制造”？在消费者越来越关注食品安全，怀疑商家诚信的时候，正大光明天地良心地制造就是“光明的制造”，就是“光明的出品”，就有了“光明的竞争力”，就有了光明的成就。

什么叫“光明广告”，号召大众选择正大光明的产品，做正大光明的人的广告就是光明广告。

有了“光明物质产品”，还需要“光明精神产品”。

光明乳业应该启动“光明文化包装宣传计划”，让所有光明产品的包装成为“光明文化”宣传的载体，让“光明文化”登上所有光明产品的包装。

光明乳业应该成立“光明人公益基金”，拿出资金和精力来帮助更多人做“光明人”，拥有“光明的人生”和“光明的未来”。

光明乳业还应该面向全球推出“光明宣言”，推动这个世界更加光明。

还可以举办“中国企业家光明论坛”、“中国光明文化节”、“中国十大光明人物评选”、“光明地球工程”、“给最需要帮助的同胞光明计划”、“光明产品进社区活动”、“光明中国行”、“光明人生演讲团”、“光明诗歌朗诵会”、“光明食品年”。

我们知道什么是光明的选择——我们有力量做出那样的选择，我们不应该盲目地跟着人群跑。

匹克体育赶紧启动“匹夫”战略

你看到一个人打哈欠，你也会忍不住打哈欠，这叫传染。

一个人明明知道是谁的来电，但接起电话还会说谁啊，这叫“装”。

装也会传染。

这些天有一部正在上映的电影的名字起得不错，叫《匹夫》。

看到这个名字的时候，觉得这个电影的创作人员们很聪明，有效地利用了闲置依旧的“中国文化资源”，因为每个人都知道“天下兴亡，匹夫有责”这句话，不花一分钱，名字随便用，但看电影的营销又觉得他们是初级水平，把“匹夫”还是当成了一个电影卖。

却不知道，匹夫这种精神可以传染，匹夫这种文化可以贩卖。

听听《匹夫》电影小聪明式的广告语：每个人都有自己的帮要混。

弄了半天竟然推出一个“痞子”口号，不但用丢了“匹夫”这个金子招牌，更浪费了“人人心中有匹夫”的价值和力量。

心里着急，也没有办法。

好猎手要懂得等待时机。

今早看到一个小伙子穿着一件“匹克”T恤，突然眼前一亮，也许时机来了。

倡导发扬匹夫精神，看来要靠匹克了。

匹克，匹夫，一字之差，这不是天意吗?

什么是匹克?

无从知晓，只是在匹克的官网上看到一句广告语：斗志改变未知。

为什么起名叫匹克?

也不知道。

“斗志改变未知”的广告语看似不错，其实只不过是一句放在任何体育品牌上都合适的讨巧话而已。

只好送给匹克一句量身定制的广告语：匹夫有志，战无不克，匹克。

匹克体育为什么不赶紧抓住“匹夫”资源启动“匹夫”战略呢?

先占位，后有位。

先利用资源，后使用资本。

你的服装鞋帽都是“匹夫精神”的载体，你倡导发扬“匹夫精神”就是在销售匹克产品，因为而今的年轻人人人需要做匹夫。

匹克为什么不推出“匹夫精神服”？为什么不给中国健儿提供“匹夫战衣”，助力伦敦奥运?为什么不创立“匹夫精神主题店”？为什么不举办“匹夫运动精神展”？为什么不建个“匹夫精神博物馆”？为什么不举办“天下兴亡，匹夫有责”匹夫精神国际论坛?为什么不举办“匹夫文化节”？为什么不推出“匹夫宣言”？为什么不设立“中国体育匹夫奖”？为什么不在大学创立“匹夫大课堂”？为什么不举办“匹夫篮球赛”？为什么不举办“匹夫大会”？为什么不赠送“匹夫章”？为什么不成立“匹夫队”？为什么不启动“青年匹夫公益计划”？为什么不推出一本《匹夫》杂志?为什么不做个“匹夫网”？

甚至匹克还可以直接推出“匹夫”品牌，创造“匹夫体育用品”，广告口号就叫：天下兴亡，匹夫有责。

每一个人都可以成为“匹夫”，关键是看他有什么样的胸怀和志向，是不是一个“可以输掉比赛，不能输掉灵魂”的挺起胸膛活着的人。

品牌是消费者的匹夫，企业家是企业的匹夫。

匹夫兴亡，匹克有责。

张裕为何不与烟台联合打造“世界海岸葡萄之都”

在这个世界上总有一些地方对于你来说别有深意。

每当提到它们的时候会有一种特别的东西激荡心底。

我把这种东西命名叫：情致。

烟台对于我来说就是那样的一个地方。

因为那里是我的家乡。

去过山东的人大部分人都去过烟台。

因为到了山东不去“三角恋”青岛、烟台、威海看看就算没到山东。

也许这样说，济南同志会不同意，潍坊先生也有很大意见。

有一支酒一定很高兴。

你一定听说过张裕葡萄酒。

它的家乡也是烟台。

尽管我与张裕是老乡，但我们并不熟悉，因为我不胜酒量。

很多人说山东人都很能喝酒，你一定是假装不能喝。

其实，我不是不能喝，我是怕酒后乱性，本来管住自己就很不容易，怕一大意前功尽弃。

一说到张裕葡萄酒，我第一能想到的就是“百年张裕”，我知道它的历史很长，它应该有很多故事，尽管我不知道它到底有什么样的传奇故事，第二是经常在广告中听到它的“解百纳葡萄酒”、“酒庄葡萄酒”，看到它们模仿复制的西方酒庄古堡。

这就是我对张裕的印象。

当全中国缺乏自信、缺乏胆略、缺乏创意、缺乏坚守的企业都开始崇洋媚外起个“洋名字”、换个“洋包装”、打个“洋概念”、请个“洋代言”、拍个“洋广告”、装个“洋店面”的时候，张裕也没能免俗。

什么叫“解百纳”？哪里来的“张裕卡斯特酒庄”？“爱斐堡”又是从哪里来的?

张裕，你何必如此，你是有120年历史的中国第一支葡萄酒啊，120年中你会有多少动人的故事，你有多么美丽的出身，浪漫的产地，你为什么不能从“分享故事”开始营销历史，经营品牌呢?

老乡，你真的起不出一个有着张裕风格和品位的独特名字？你真的有必要去人云亦云跟风起哄地建设什么“酒庄”，什么“古堡”吗?

难道你不能建设“张裕海岸葡萄之家”、“张弼士酒窖”，这些不比“酒庄”更有特色更有中国味道?

老乡，你千万不要忘本，你知道你最大的优势是什么吗?

你最大的优势有三点：第一是历史悠久，文化绵长；第二是海岸葡萄，独创品种；第三是网络健全，终端可控。

第一点，除了不懂得讲述张裕故事展示张裕文化传播张裕精神之外，做的还可以，第三点是中国企业的强项，张裕做得也不错，只是你们开始忘记了第二点，其实第二点才是保证张裕未来竞争力和可持续发展的最为关键的一点。

你们要把“海岸葡萄酒”这张牌打出去，打漂亮，张裕的未来除了卖历史就是卖海岸，一支酒与一个城市与一片大海之间的故事一定具有商业价值，你们要联合烟台市人民政府一起启动“城市营销”，面向全世界推广“世界海岸葡萄之都——中国烟台”这个城市品牌定位，举办“世界海岸葡萄酒文化节”，整合全国旅游机构发起“烟台张裕海岸葡萄之旅”，推出“张裕海岸葡萄酒”，甚至在每一支张裕葡萄酒瓶上都印上“世界海岸葡萄之都优质出品”的标识。

张裕的同志们一定会说，你太不了解我们了，我们在新疆、宁夏也建有葡萄园区啊，我们的葡萄不只是产自烟台海岸啊。

我当然知道，产自新疆、宁夏的张裕葡萄酒，你们为什么不找找张裕与当地葡萄产区的关系是什么呢？为什么不想想张裕怎样做才能更好地帮到当地经济发展呢？能不能推出一款“张裕新疆文化葡萄酒”，通过一支酒来传播新疆文化呢？能不能设立一个“张裕新疆葡萄品种研究所”呢？

海浪、佳酿、美人、故事，这才是张裕的品牌图景，不是酒庄，更不是古堡。

而这种情致就叫：张裕。

给家乡海阳定位：亚洲黄金沙滩之都——中国海阳

早晨睁开眼睛。

第一念想：今天开动脑筋，开天辟地，要来一个革命。

这样想着，一天开始了。

海阳。也许你没有听过这个地方，并不知道它在哪里。

但是，到了 2012 年 6 月 16 日那天，你一定会认识这个地方，因为这一

天“第三届亚洲沙滩运动会”要在那里举行，这就是我的家乡——山东省海阳市，一个拥有“黄金沙滩”的美丽海岸小城。

作为一个海阳籍的策划家，在家乡盛会来临之际，我该做些什么，我能做些什么，我能为家乡做点贡献吗?

作为一个中国策划人，我每天都在想“策划如何造福人类，创意如何改变世界”，每天都在用“万物皆产品，万事需策划”的理念思量一切。

每天都在学习。学以立德，学以增智，学以创业。

希望用不懈的学习换来“更宽的视野，更高的境界，更大的气魄，更猛的智慧”。

策划人是永远毕不了业的学生。

刚在这个方面毕业了，新的行业客户又来了，又要从头学。

一切策划的开始都是从深入了解民情，充分反映民意，广泛集中民智，切实珍惜民力开始的。

在这个过程中，还有八个字需要时刻谨记：自重，自省，自警，自励。

我能想象，到了第三届亚沙会开幕的那一天，海阳的知名度会空前高涨，基本达到家喻户晓，很多人都会在电视上、网络上或报纸杂志上看到这个盛会面貌，他们都会对海阳留下一个粗浅的印象：这个地方有迷人的沙滩，有浪漫的大海，有时尚动感的漂亮姑娘，一个可以举办亚洲沙滩运动盛会的地方一定不会差。

但是，仅此而已又能给海阳带来哪些实实在在的收获呢，海阳会成为中国人首选的沙滩玩海城市吗?海阳从此会成为中国著名的海岸旅游城市吗?海阳的沙滩上从此会看到世界各地络绎不绝的游客、沙滩运动爱好者吗?海阳的招商引资会有大突破吗?海阳的经济从此就能因沙滩而腾飞吗?

我想，这一切还不能发生。

因为，尽管举办了亚沙会，但提到海阳，大多数人还是没有概念，在他们的心智阶梯里没有海阳的位置，因为海阳没有给他们创造一个“品类”，没有给他们一个符号和意念。

既然亚洲沙滩运动会选在海阳举办，这无疑证明，海阳的沙滩质量、沙滩文化、沙滩运动、沙滩风情在亚洲范围内都是顶级的，都是独一无二不可替代的。

一个拥有亚洲黄金沙滩的地方应该是一个什么样的地方?

这里不就是“亚洲黄金沙滩之都”吗?

所以，海阳借势第三届亚洲沙滩运动会，抢占“亚洲黄金沙滩之都”这个定位，在广大民众心智中占有这个位置，将高知名度迅速转换成高发展力，“借会建都”，这就是东方智慧。

海阳，你从此不再是一个县城的概念了，你需要脱胎换骨，你要蜕变了，你现在是“亚洲黄金沙滩之都”了，你需要设计开创“亚洲黄金沙滩之都”VI系统、亚洲黄金沙滩之都网、亚洲黄金沙滩文化节、亚洲黄金沙滩玩海月、亚洲沙滩创意产业园、亚洲黄金沙滩度假村、亚洲黄金沙滩之都形象片、亚洲黄金沙滩游艇会、世界沙雕邀请赛、亚洲黄金沙滩之都杯高尔夫挑战赛、亚洲沙滩经济高峰论坛、亚洲黄金沙滩之都商机大会。

“会”有闭幕，“都”无终点。

老乡，谋定而动，为时不晚。

皇氏水牛奶营销传播七个错

第一错：产品命名错。你能想起最近广告比较多的水牛奶叫什么名字吗？我也想不起。网上查了查叫：摩拉菲尔。一个看三遍都记不住的名字，一个如此不知所云的名字，一个牛奶主要购买者中老年人肯定不喜欢的名字，谁起的？不管谁起的，一定是皇氏当家人定的。水牛牛奶不是有“奶白金”的美誉吗，为什么不直接叫“奶白金”呢？

第二错：产品品类错。电梯里的人看了皇氏水牛奶的广告笑着说：水牛奶，加了水的牛奶。很多人笑。一个时尚女孩捂着嘴乐。问题来了，水牛牛奶，为什么要简写成“水牛奶”呢？若品类定为“水牛牛奶”会有这个误解和笑话吗？小聪明，大跟头。

第三错：产品包装错。土。俗。行。糙。一个牛奶业的大亮点新品类，一个高端牛奶产品，为什么包装如此欠缺质感和品位，冷漠，艰涩，与人难以融合交流，更无法时尚生活呢？

第四错：广告语错。摩拉菲尔水牛奶的广告很多，影视、平面都不少，我只记得一句广告语：给人生更多。不疼不痒的话，说了不如不说，既然说水牛牛奶营养价值比普通牛奶高，为什么不能直接广告：我喝的是水牛牛奶，你呢？我给孩子喝的是水牛牛奶，你呢？我们全家人都喝水牛牛奶，你家呢？摩拉菲尔水牛牛奶，一杯顶两杯？既然产量这么少，为什么不宣传：对不起，我们只能让少部分人先享用上水牛牛奶？

第五错：代言人错。摩拉菲尔同志，你的代言人是谁？他叫什么名字？怎么不认识他？为什么找一个大多数人都叫不出名字的人来做代言呢？到底是你代言他，还是他代言你？

第六错：传播内容错。水牛牛奶，刚刚让消费者眼前一亮，多了一个新选择新尝试，还没有在消费者的心智中建立起摩拉菲尔就是水牛奶，水牛奶就是摩拉菲尔的认知呢，谁想到皇氏乳业又开始在同一广告版面中传播什么“紫牛奶”、“木瓜奶”了，如此急功近利。皇氏乳业还是上市企业？

第七错：传播调性错。一个高端产品，一个突破产品，一个替代产品，一个优选产品，它的传播调性怎么可能是这个样子，不是太低端，太常规，太大众了吗？

第四篇

“公益策划”，路在前方

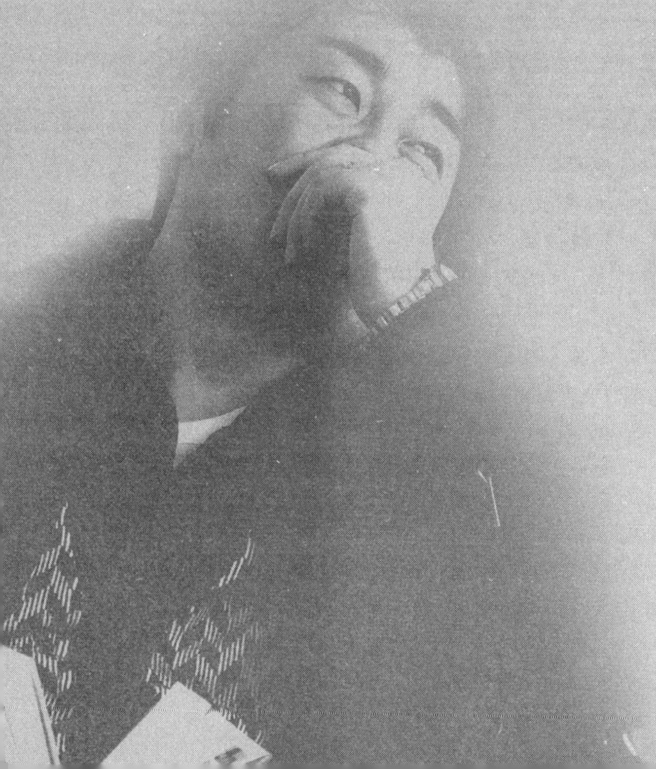

徐大伟™ 策划机构
DAVID XU PLANNING ORGANIZATION
徐大伟策划机构郑重倡导中国企业用“公益策划”
创新“公益产品” 推行“公益营销” 建设“公益企业”
从“公害企业”到“公益企业”，中国企业必须转型
公益策划兴盛中国企业
公益策划是让你的企业可持续发展赚取长久利润的智慧和方法
公益策划是“共益策划”，是在兼顾社会得益，消费者得益
企业得益三个方面的“三得益策划”，是“利国利民利己型”策划

中国企业你们什么时候才能“公益转型”

早晨坐在车中，听到一则让人很不舒服的新闻：有消费者从思念牌汤圆中吃出了创可贴。

让人感觉一下子撕开了中国人刚刚从蒙牛事件中落下的伤口，并撒上一大把盐。

刚过完元宵节，谁家没买汤圆？谁家没吃汤圆？

作为一个正在践行和推广“公益营销”和“公益策划”的策划人，我的心情更是难以平静。

在中国做策划人不容易，要面对无数的质疑，无数的讥讽和嘲笑，还要面对企业的诱导和不服，在这样的环境下，你要坚持去用策划推动社会的发展，用创意改变世界，尽管有人笑话你，有人挖苦你，你还是要坚定不移地做“公益策划”，因为你是这个伟大时代的策划人。

策划人要从忽悠社会过渡到关心社会，要从夸夸海口转变成埋头苦干。

不行动的策划人就是忽悠家。

大部分的企业正在实行的是以“钱”为核心的“商业营销”，一切都围绕着企业利益最大化做文章，若只有牺牲质量，偷工减料才能盈利，大部分的企业家会毫不犹豫地做出决定，牺牲消费者的利益，保证自己的利润，在这个大前提下，很多企业都昧着良心做了不少事，都在粉饰自己的罪行，广告自己的产品，夸大自己的道德，可惜的是，一分罪行，一分惩罚，这些缺德少教的企业陆陆续续一个接一个地被消费者指着眼睛骂，被媒体跟着揭露曝光，一次次不认账不承认，又一次次被事实堵得百口难辨，中国企业，你们怎么能这样不厚道呢?

很多企业从来不知道消费者买的不是他们的产品，买的是他们的爱，买的是因为拥有了这个产品而得到的欢笑、安全、放心和价值。

消费者根本不是在买鞋，他们是在买一双漂亮的脚。

众多的企业家，你们什么都不知道，就知道商业就是商业，开公司就是为了赚钱，要给股东创造最大价值，却不知道公司本来是一个美好世界美丽人们生活的工具，是一个共赢的平台，你们千万不要忘了在这样一个“人人都可以评价你，人人有渠道评价你”的网络时代，你盈利的方式应该是什么，你不先去满足越来越苛刻严肃的消费者的切身利益，你的利益怎么可能得到保证? 你要先确保自己的利益，牺牲一点消费者的利益，你的下场可想而知，最终会被消费者谩骂唾弃。

你们应该把心思全部放在以“爱”为核心的“公益营销”上，你做的所有事情，无论是你的产品，还是你的广告，你的销售，你的活动，都应该从内心深处想要爱到消费者，爱到社会，爱到环境，爱到这个世界，你做的所有事情都应该从“利世利国利民”的前提出发，你首先思考的应该是怎么千方百计地用爱赢得一切，而不是企图用欺骗和违规得到一切。

一个品牌如果想经得起未来的考验就必须体现一种价值，这种价值来自于它的主张、个性、坚持和承诺，来自于对这些主张、个性、坚持和承诺的从一而终。

每一个广告作品都是一个承诺，广告主唯一要做的就是坚守承诺。

广告口号最大的德行是让喊它的人遵守承诺。

前天是三鹿，昨天是蒙牛，今天是思念，明天又会是谁?

你敢相信在物质如此发达的21世纪，我们还在喝着“毒牛奶”，吃着“创可贴汤圆”，手里举着一根“黑心肠”吗?

中国企业家，你们什么时候才能良心发现，在你们的企业运营中发展良心，将你们的企业建设成“公益企业”，让你的产品变成“公益产品”啊?

难道我们只能一边“思念”着，一边祈祷：愿有一天，天下的所有企业都能变成“公益企业”吗?

“公益策划”大有可为

做策划人这么久，对这个行业的常规定义从来不热衷，但对自己理解的策划行业和策划人很热爱。策划是什么？策划就是智慧的运用。智慧是什么？智慧，不是知识，不是经验，不是思辨，而是超越自我中心的态度。

既然策划人做的事情是用智慧来推动发展、改变现状、解决问题、创造未来，为什么不能把这样的智慧和胸怀用到点子上，给企事业单位做“公益策划”，创造真正共赢的新局面？不要说你现在的策划也是在寻求共赢，也许是共赢，但只是客户和你的共赢，表现好点的还加上了消费者，环境呢？社会呢？正义呢？良心呢？公众利益呢？人类发展呢？大多数的策划都不会考虑这些。

在我看来，策划人就应该通过“利世、利国、利民”的策划，去做“消费者得益、社会得益、企业得益”的事情。这才是真正的策划，是“三得益”的策划，是“公益策划”。

然而，有多少策划人或企业主在策划执行一件事情之前想到了去通过“公益策划”来营销产品、塑造品牌、服务百姓、赢得共识、取得新绩？大多数还不是做做样子，却根本不知道公益策划才能让你的企业永续发展基业长青。

最近我经常跟企业家说一句话：从大伟走向伟大。企业家也许一听就只认为这是我的广告语而已，其实，找我做策划的很多企业都是处在这个“从大伟走向伟大”的过程中，企业够大了也够宏伟，但却不伟大，不令人称道和尊敬，需要走向伟大，或许，公益策划就是企业从大伟走向伟大的成功之路。

策划人和企业家都不知道怎样做公益策划？不要紧，请出一家企业做案例：

这家企业销售的每磅咖啡的利润中有一部分会自动返还给供应咖啡的合作社，合作社就可以自己选择将这部分资金作为推动社区经济和社会发展方面的投资，其中包括：在秘鲁的妇女发展项目和森林恢复项目；在尼加拉瓜为1600名触雷致残者提供康复治疗的项目；在危地马拉一个每周有7000名当地咖啡种植者收听的广播节目——《咖啡谈话》；在埃塞俄比亚首次为3000人提供洁净水的水井项目；以及在肯尼亚、巴布亚、新几内亚等国家开展的为咖啡种植者进入市场而进行的有机产品认证培训项目。这家企业就是丁式咖啡，它并非一家大型的咖啡焙烧企业，但一定是有着清晰使命的企业之一。其创始人丁·赛克思说："我们的工作就是提供最好的咖啡，同时帮助与我们合作的全球咖啡种植者兴旺发达。"

我不知道你看完这个案例什么感觉，我在看到时很震撼，就是现在在书写这个案例的过程中，丁式咖啡还是刺激了我新的思路和立刻行动的决心。一家普通的咖啡商，却因为一系列精彩不断的"公益策划"而让自己鹤立鸡群，你能说他们没有智慧，你能说他们是傻瓜，也许，他们是傻瓜，但就是因为他们的这些"傻瓜之举"才塑造出了他们的核心竞争力，凸显了自己的价值，在浩瀚的咖啡市场中有了自己坚实而高尚的位置。

丁式咖啡的这些创意点子我们策划人不会出吗？会。他们的这些公益行为我们中国企业不能做吗？能。但关键是意识问题，胸怀问题，头脑要解放，胸怀更要解放，用智慧处理事，以慈悲关怀人，公益的行为才能换来真正的自私。

人都说中国人聪明。我们除了企业家聪明之外，员工也聪明，经销商更聪明，策划人就是绝世聪明，这些聪明人一起为中国创造了一家又一家的"挣钱机器"，但那些长寿的企业，那些首先把自己当做是一个"人类社区"的企业，却屈指可数寥寥无几。然而，我们这些聪明劲又能持续多久呢？这不光是策划人，也是我们每个中国人都应该好好思考的一件事情。

这个世界上的一切本应该都是公益的

透过办公室的窗户，我能看到北京 CBD 的繁华和路上匆忙的行人。

见到老人，就在心里默默祝福他们健康长寿；见到大人怀抱的孩子，就默默祝福孩子健康成长；听到救护车声，就赶紧默默祈祷被急救者一定要脱离生命危险；看到残疾人，就会祝愿他们都能够找到人生的幸福和快乐。

我认为，一个有这样一份爱心的人就是"公益人"。而一个"公益人"做什么都是"公益事"。

人是这样。如果这是一家企业，一个品牌呢？

他们在为企业、为消费者创造价值的时候，亦在想着为社会奉献爱心，为社会创造价值。那么，这样的一家企业，这样的一个品牌，不就是"公益企业"、"公益品牌"吗？那么他们生产的产品，以及为推广产品而开展的各类营销活动是不是也能称之为"公益产品"、"公益营销"和"公益策划"呢？

其实，大部分人都不知道到底什么是"公益"，什么叫"公益策划"，其实，不是公害就是公益，不是公害人就是公益人。你会说，这么简单，那我也是公益人了，慢点，不一定是，若你经常说脏话，骂人，随口吐痰，乱扔垃圾，见人冷漠，遇事自私，接听父母电话很凶，对服务员态度恶劣，总是干扰人家学习进步，希望同事朋友都比你差，你就不是一个公益人，你就是一个公害人。

可持续性战略、社会责任营销、大爱品牌，就是"公益策划"。

把企业的繁荣兴旺与人的幸福快乐、地球的最大利益一致起来，就是"公益策划"。

营销策划有两种，"利己策划"和"公益策划"。

“利己策划”只是企业一方得益。“公益策划”则是“利世、利国、利民”，是“三得益”的策划。

在我看来这个世界上的一切本应该都是公益的——

公益医院、公益大学、公益交警、公益报纸、公益地铁、公益车票、公益短信、公益啤酒、公益服装……。

每一个明星都应该启动“公益策划”，都应该把自己的知名度和影响力转化成推进社会发展和人们幸福的公益力量。

所有的歌曲都应该是“公益歌曲”，应该唱者正气，听者争气。

所有的企业都应该是“公益企业”，都应该只生产“公益产品”，无毒、无污染、无公害，保质、保量、保健康。“公益产品”应该想尽一切办法让自己的产品更加有利于消费者，而不是想尽一切办法让消费者购买表面上差不多实际问题一大堆的“公害产品”，它们应该有“公益企业文化”、“公益管理”、“公益采购”、“公益营销”、“公益广告”、“公益网站”、“公益员工”、“公益产品包装”。

其实，做到这些并不难，只需要四个东西，一个是愿景。你一定要有一颗公益的心，你的企业才能做出“公益的事”，你要有大智慧，明白长远的发展和永久的成功只能是“出卖无私”，只能通过“营销社会责任”才能赢得消费者的信任和社会的认可，只有可持续性的战略才能让你的企业可持续地发展，做一家公益企业，不仅是为了别人，更是为了自己，无私乃大私，公益即利益。二是决心。决定的事就雷打不动，必须做。三是行动，中国从来不缺夸夸其谈的“理论家”，每一个茶馆、每一个酒桌都能听到他们的大话，第二天街上却连人影也看不见。第四是坚持，坚定持续，实干到底。

为了更大发展，为了迎合时代，为了赢得未来，为了持续成长，你得牺牲点东西，为了应对更激烈的全球竞争，你得学得聪明一点。

回归真诚，回归公益，你的企业本来就是“公益企业”，你本来就是“公益人”。

“公益策划”就是“共益策划”

什么叫“发自内心”？

就是发展和发财全部来自你的内心。

什么样的“内心”？

强大有爱的内心。

可惜大部分人不知道不认同有了一个强大有爱的内心就能发展发财。

大部分人发展和发财的阻力是“我的力量”太强大了，什么事都先想“我的利益”保障了没，“我主要关心我自己”，至于其他的，都不是重要的，只要“我过上好日子”就行了。

从而他们成了不知道国家与自己有什么关系的人，他们觉得贫困的农村孩子与自己半毛钱关系都没有，社会的进步，人民的幸福更是与自己八竿子打不到。

他们永远不知道也永远不会相信：你能做的最利己的事情之一就是去帮助他人。

主动帮助他人，不是他人得到的最多，是你，去伸出援手帮助那些无家可归的人吧，不管能不能帮上无家可归者，你肯定能帮助你自己。

最近我又一次成了孤家寡人，我向中国广大企业发出携手共创“公益企业”的呐喊成了企业家最不想听到最不爱听的噪音。

他们都认为启动公益策划，建设公益企业，是我这个策划人的事情，是我们揽活的一个手段。

其实，他们错了，这是一个我们的工作，不是我的工作。

尽管我苦口婆心不厌其烦地写了不少关于“公益策划”、“公益产品”、“公益营销”、“公益企业”的文章，但是绝大部分企业家听到了这些概念还是会这样想：我们现在是生存阶段，我们的产品都卖不出去，我们的利润连年下滑，我们的品牌影响力还不够大，我们的消费者忠诚度正在下降，我们哪顾得上做公益，公益我们也不是没做过，我们也给地震灾区捐款了，我们也支持了当地一所小学的建设，我们过年过节也会去敬老院送礼物。

他们这样想，我只能哭笑不得，他们怎么能这么简单世俗地理解“公益”呢?

什么叫“公益”？公益不就是公共利益吗?

你的产品不也是“公共产品”吗？不是希望销售给每一个人吗?

不体现“公共利益”，你的产品怎么可能卖得出去?

可是，你把你的手放在你的心口，你敢说你的产品真的是维护了公共利益的“公益产品”吗?

除了不伤害消费者，不伤害上下游合作伙伴，不伤害环境，不伤害社会，你的产品是不是也可以再增加一点独特的竞争力，让你的产品体现出对消费者、对环境、对这个世界的爱？无论是产品原材料采购，产品加工过程，产品包装创新，产品口号，产品广告，产品营销，产品概念，能不能都体现出一种“爱的智慧和力量”呢?

什么叫公益策划？公益策划不就是保证公共利益的策划吗?

这个世界的所有问题不就是一个问题吗？人都成了私人。

成了私人的人其实正在变成“死人”。

不要怪我说话不好听。

这个时代我能给你的最好的忠告就是：好听的话少听，骂你的人多爱。

号召你去做一家公益企业，不是让你去舍弃你的利润，反而是要你拥有一颗“公益的心”，生产出“公益的产品”，利用“公益策划”，通过“公益营销”得到更大的利润，创造出一个利国利民利己的共益局面，让你的企业找到市场的突破口，让你成为出类拔萃的企业家。

“公益策划”就是“共益策划”。

“公益企业”就是“共同企业”。

公益策划，“共益”精神——看日本顶级小企业的“共益”精神

如果我们把企业公益简单地看作是“给点零花钱”和捐赠点“余粮”，那么，可想而知，这样的公益事业与大多数的小企业不相干。

然而，其实小企业也一样可以做公益，一样能做好公益。

因为在我们看来，公益不是简单的捐钱捐物。公益应该被好好“策划”。它应该是企业家精神、企业自身发展、企业创新意识、企业公益意识的强大组合。通过贡献企业自身的专业知识与技能，促进社会公益或受捐助对象发生“真实的改变”和“明显的进步”。这才是企业（包括个人）公益事业的精髓所在。

公益策划的另一个目的是让从事公益事业的企业从公益中获得更多更好的效益。因为只有在公益事业变成让消费者和社会得益的同时，也能让企业从中获益的事业；只有把“纯公益”变成“大家共益”，公益事业才能变成持续、稳定、长久的事业，才能为人类社会作出更大的贡献。

所以，中小企业如以“公益策划”为方法，以“共益”的精神，将企业转变成“公益企业”，产品变成“公益产品”，营销变成“公益营销”，终端变成“公益终端”，品牌变成“公益品牌”……也就是“公益”企业的一切！

因此，自然地，像这样一家“公益了一切”的企业，做的任何事情自然都是公益的，它的任何事业自然也都是公益事业。比如：

一家“公益企业”必然会把员工看成宝，善待员工，员工至上，一切利益以员工利益为优先考虑。

一家“公益企业”生产的产品或提供的服务，必然是高品质、绿色环保无污染，健康安全无毒害。

一家“公益企业”，在技术研发的过程中，必然是以消费者为优先考虑，重视他们的需求与感受。

公益不仅仅是捐钱或捐物。

公益策划主张的“公益”是一种大爱的精神！

丸吉日新堂是位于日本北海道札幌市的一家印刷厂，除社长外，只有三名正式员工和两名临时工。但就是这样一家小印刷厂，却有“日本第一名片商”之称。“第一”并非指公司规模或销售额，而是它的经营理念和创新力堪称日本第一。对于印刷厂来说，名片就是不赚钱的代名词，但这家公司却仍反其道而行，将名片发展成自己的主要业务，并活得有滋有味。虽然地处偏僻的北海道，但当地顾客只占二成，其余八成以上的订单都来自北海道以外的其他地区；不仅如此，公司还有着90%以上的顾客回头率。取得这样的业绩，与他们的企业家精神、经营态度、公益爱心和创新力分不开。公司的经营目标不再是单纯地出售商品，而是“通过提供一种有价值的沟通工具，让人与人之间的沟通交流更加温暖，以此来营造一个理想社会”：

- 用聚乙烯再生材料、香蕉茎、玉米皮，以及间伐木材、槿麻等绿色环保材料制作环保名片。通过媒体新闻的免费报道，让公司赢得更多的订单。
- 将名片加工上盲文，制成“附盲文环保名片”。虽然真正使用到盲文的人很少，但它能让人们意识到（包括公司顾客），世间的温情可以通过一张小小的名片传递下去。同时，也通过这种公益形式，让顾客有一种参与感觉，“自己总算是为社会做了点什么”。这样的公益创新也同样为公司带来更多口碑和回头客，这体现在虽然附带盲文的名片比普通名片贵很多，但却有很多顾客订货，订货量与以前相比有增无减。
- 因为福利院接不到什么挣钱的工作，所以为了能帮助他们，公司决定放弃内部请人加工和采用机器流水作业，而是为了给居住在福利院中的残障者们提供一个劳动的机会，包括让他们亲手加工名片，亲自送货。虽然这样增加了成本，但却让这些残障患者在赚钱的同时，有更多接触社会的机会，为他们的生活带来喜悦。这种做法也获得了很多顾客的支持和认同，甚至是赞扬。

- 每张环保名片和盲文名片的销售额中都包含 1 日元的捐款，捐赠给日本导盲犬协会等慈善机构。
- 公司的公益与创新精神感染了每个员工的积极性，用“玉米皮名片”的创意就是由一位女职员提出来的。
- 在 2008 年发生某大型造纸公司的再生纸伪造案后，公司对自己合作的造纸公司提供的再生纸进行全面调查，确保其真实可信。这一行为也让丸吉日新堂在关心环保的人之间打响了名声，环保名片的支持者也在不断增多。
- 对于也想生产环保名片的同行，全面共享相关资料信息，包括材料购入地在内的所有资料。而当同行表示“从贵公司购买纸材，即使花些手续费也不要紧”的想法后，也没有收取任何回扣，按批发价将纸张出售给了对方。以丸吉日新堂的社长阿部先生的话来说：“市场非常广阔，我并不担心受影响。”他的态度坦率而开放，“有益于环境、有助于社会的产品需要不断推广。仅靠一人之力，是不能满足整个市场需求的。所以大家应该共同努力，做好推广工作。”
- 真心实意把员工当成家人来对待。
- 托公益之福，公司有了更多的业务：婚礼邀请函、明信片、台历、信封、信纸、调查问卷等。这些也当然都是采用环保材料印刷制作。

株式 RF 公司，是位于日本长野县长野市的一家小企业。公司由丸山夫妇于 1993 年共同创办，在短短十多年时间，已发展成为能代表日本、甚至是代表世界最高水准的微波应用产品以及内视镜照相机研究开发型企业。其一系列新产品，不是世界首创，就是世界最小。

为何会有这样的成就？动力来源就是公司生产产品的宗旨——“拯救更多幼小的生命！”在这样的经营宗旨和制造理念下，公司创造一系列的惊人奇迹：

- 研发口腔医生使用的无线口腔内照相机，该产品已占据全世界 85% 的市场份额。
- 开发出价格只有传统售价最低的 X 光仪 1/3 的无胶片 X 光仪。尺寸远小于传统 X 光仪，但像素则达到 4837 万（普通 X 光仪像素约在 590 万 ~780 万之间），在造影时所释放出的辐射光线的量非常少，只相当于传统 X 光仪的 1/16。该产品在推出的短短两年时间就夺得市场份额第一位置。
- 开发出世界首个无线、无内置电池的胶囊内视镜照相机（可吞服的照相机）——对于做过胃镜检查的人一定能够理解，这种检查是相当痛苦的。大人如此，小孩更是。因此有很多患者拒绝接受胃镜检查，也因此有很多病患因为不愿意接受胃镜检查而耽误了治疗。

该公司不仅在技术研发上秉持“以人为本”的宗旨理念，在其他方面也深具公益大爱之心。比如：

- 公司主张“这是救人命的机器，因此，我们不申请专利”。因此，在 RF 公司，一个基本的原则就是技术开放。公司的大部分技术发明都没有申请专利。
- 还有，公司常常用员工的名字来为产品命名，让温暖的光辉笼罩着整个公司。
- 制订了“抽签午餐”制度。规定包括高层在内的公司所有员工都在餐厅一起吃饭，所有人进餐厅之前先从放在门口的一个箱子里摸出一个签来，凭这个决定吃饭的座位，由此促进公司员工间的人性化沟通交流。
- 另外，公司还设立了一个医疗器械专业的研究所大学，每年只招收 15~20 名精英，学费全免，每个月还发放 20 万日元的生活补助金。对于学校的毕业生，公司有特别优惠的支持其创业的政策，只要在毕业之后一年内创办企业，就能得到一笔最高金额为 1 亿日元的 5 年期无担保无息贷款。并且，还完全尊重毕业学生的意愿，由他们自主决定进不进 RF 公司，绝不干涉……

中村复健器材，是一家坐落在日本一个叫大森的、只有500人的小镇上的世界级企业，主要产品是各类假肢装置。同时，它还是全日本收到感谢信最多的公司：

- 为了制作完美的、与活人身上完全相同的假肢装置，不惜采用各种繁杂制作流程，即使超过成本预算也在所不惜。
- 开办通气性假肢制作技术公开讲座，让更多的有需要的人能够享受通气性假肢的福利。
- 在马来西亚国立马拉亚大学进行公益性技术援助指导。
- 随时从那些已经能够自如使用义足的人那里收集信息和经验，不断地研究，只要能使那些需要装上假肢的人多数感到哪怕是一点点的舒适和便利，他们便会倾尽全力去做。比如研发新材料，使假肢与皮肤相接部分的材料透气性和木材一样好，解决了市面上普通假肢用久了容易产生瘙痒、痱子、湿疹甚至溃烂的老问题；让假肢像皮肤一样柔软等。
- 设置“中村奖学金”，鼓励许多来自国外的年轻人来大森工作学习。
- 雇佣残疾员工。
- 免费为来自蒙古的少年担保并无偿制作义足。
- 全力帮助企业所在地石见银山申请世遗成功。
- 自费修复小镇建筑，让江户时代的老屋住着更舒心。
- 为了保持自己独特的经营理念与原则，而不上市。
- 经常性教育员工“要做对他人有帮助的工作”，提高员工为他人服务的理念。
- 让人们生活得更幸福！
- 赞助为失明者观赏而拍摄的影片。
- 作为企业领导人，繁忙的工作之余，无偿担任县教育委员长一职，为民众服务（在日本当官可不像在中国当官那么有利可图），并成功推动本地区的石见银山申请世遗成功。

一家企业，如果有着“为顾客着想、以高品质产品满足顾客”的理念和行动，也是一种“公益”。因为没有公益爱心的企业，他们关注的是顾客的“钱包”，而不是顾客的“需求”。

“小竹”糕点铺就是这样一家以“超级品质”满足顾客需求的“公益企业”：

小竹糕点铺位于日本东京吉祥寺商业街上，面积只有1坪（约等于3.3平方米），员工30人，销售的商品只有“羊羹”和“最中”两种糕点，是一家名副其实的小微企业。然而就是这样一家小微企业，年营业额却高达3亿日元（约合人民币2.36千万元）。根据相关统计，在日本，点心制作零售商的年坪销额约231万日元，相比之下，小竹店铺简直是个奇迹。还有，这家店铺还保持着另一项纪录：羊羹每日限量供应150个；并且，顾客必须早晨四五点钟就开始排队才能买到，这样的情况持续了40年之久。为何这家店铺的羊羹能够长期受到顾客的青睐？其原因十分简单，那就是“货真价实”：不盲目追求流行趋势，把品质做到极致。正是这一点，给小竹带来了经久不衰的繁荣：

- 每天羊羹保持150个、而不根据顾客需求增加制作数量的原因，是因为“一锅3公斤的红小豆，大约能做出50个羊羹。每天我们只做3锅，所以一天只能做出150个来”。而之所以“一天只做3锅”，其原因是每锅耗时三个半小时，每天做三锅要花费十个半小时，一天三锅已经是极限。另外，如果每锅红小豆数量超过3公斤，味道就不好了。所以必须坚持这个传统。
- 锅一定是用炭火烧，红小豆一定是从专门渠道特别购买，砂糖也是从固定糖厂定制。
- 考虑到馅料的味道会因为温度和湿度的微妙不同而有所改变，因此，在煮红小豆的时候，会根据四季的气温变化调整火炉温度，以此严苛的制作要求，保证产品原滋原味。

因此，由上可知，虽然小竹销售的商品只有羊羹和最中两种，但却能创造3亿日元的销售奇迹，明显与他们对产品的超高标准和严格执行分不开。而正是这种对品质的执着追求、想把最高品质产品奉献给顾客的“真爱”信念，使得小竹得以创造出惊人的业绩。

这种看似是在追求产品品质，实则是发自内心地关爱客户、为客户着想的信念，不正是企业“公益”精神的一种体现吗？公益就是大爱，一家没有公益精神的企业，是不会发自内心地为顾客着想的。联想到当今中国的大多数企业，其中有多少企业是真心在为顾客着想？关于这个问题，想必大家的心里都跟明镜一样吧。

改革开放三十多年，中国经济与社会发展取得了巨大成就，同时也出现了很多经济与社会问题。地沟油、回锅油、毒奶粉、毒豆芽、黑心肠、瘦肉精、假鸡蛋、创可贴汤圆、假绿色猪肉、染色馒头等等食品安全问题屡禁不止。问题在哪里？除了政府执法不严、媒体监督不力外，生产企业缺乏公益爱心也是一大原因。像这些没有公益心、只想着挣钱的企业，怎么可能期望它们生产出“公益”产品？对于当下的国人来说，高品质的“公益”产品就不期望了，只要不是“公害”产品就念阿弥陀佛了。

正因为此，这里面也恰恰出现一个新的巨大商机：假如一家企业立志想成为一个“公益”企业，以“公益”结合“创新”，它就一定能够与竞争同行形成差异化，从而开辟属于自己的、难以模仿复制的蓝海市场。

无论是中小企业家，还是经济学家，都会感叹中小企业不好做，尤其是在中国。这其中固然有很多因素，但如果我们仅仅把公司经营不善的原因归罪于社会环境、企业规模、行业问题或者是地理位置也是不对的。事实上，决定经营成败的不是规模或位置，虽然它们对企业经营有很大影响，真正起决定作用的是这个公司里的人是否拥有一颗热爱事业的心，是否拥有一颗为社会、为人类做贡献的公益爱心。公益爱心是一种动力，能让企业员工目标更明确，也更加热爱事业。如果一家企业从上至下都是这样的员工，这家企业能做不好吗？

国内外很多成功的企业已经证明了这一点。

不做一家"公益企业"
达芬奇也救不了你
徐大伟TM 策划机构
DAVID XU PLANNING ORGANIZATION
致力于推动中国企业"公益转型"
开创"公益营销"时代

中国企业为什么不赶紧启动“公益策划”

在中国，也许一提到“公益营销”大家就会下意识地想到捐款、捐物、救助，或成立公益基金、建立希望小学、帮扶孤寡老人等等，其实，这不过是一种“小公益营销”的范畴，是对公益营销、公益策划的片面理解。

真正的“公益营销”、“公益策划”不是这样。它是企业全方位的“公益”行动，能够做到“利世、利国、利民、利己”。无论任何企业、任何产品、任何品牌，只要在创想生意、研发产品、生产产品、包装产品、销售产品、推广产品的过程中能始终围绕着这八个字做文章做深挖做延展，就是在做公益营销。

实行公益营销的企业，在做产品的时候会想：

- 这个产品能给予消费者的好处到底是什么？
- 品质优秀吗？
- 有没有使用劣质材料生产？
- 对中国的发展进步有好处吗？
- 对维护保护环境有帮助吗？
- 通过这个产品或这个广告语能够美好、美化这个世界吗？
- 产品包装上能不能打上一句宣传保护环境，或提倡公益爱心的话语？

……

什么叫差异化？当大家都在急功近利自私自利的时候，公益就是差异化，公益就是真正的商业真谛共赢之举，公益就是最有力最创新的营销战略，很多人都在千方百计无所不用其极地诱惑、劝导、说服、欺骗消费者的时候，你却在竭尽全力地在给，给消费者真正的爱和价值，给中国发展真正的助力，给这个世界增添只有你才能创造出来的美丽和精彩，这样的企业没有竞争力谁有竞争力?

很多企业可能会想，做个产品还用想得这么“伟大”吗？需要利世、利国、利民吗？只要利己，产品能畅销就好了。

这是一种小我、自私、狭隘的想法。秉持这种想法的企业很难真正做大做强。“无私乃大私”。只有先做到“无私”，才能实现自己的“大自私”。

真正的大企业、大品牌都是“无私”的。无私，能让自己的产品有利于这个世界，有利于这个国家，有利于平民百姓，理所当然就会更有利于企业自己！才能真正成为消费者认可和喜爱的企业与品牌，甚至成为他们“挚爱”的企业和品牌。

中国企业，赶紧启动“公益策划”吧！

企业如何做公益策划

过完2012年的春节，上网浏览新闻，又看到不少企业大做慈善公益，真是可喜可贺：

2月4日，吉利控股集团以“浙江省李书福资助教育基金会”的名义捐助100万元，联合中国发展研究基金会共同帮助农村贫困地区1～6岁留守儿童，开展“乡村幼儿园公益计划”。

2月4日，中联重科为关爱留守儿童的“乐和之家”项目捐款200万元。

2月10日，博赛集团向重庆市爱心庄园捐赠200万元医疗救助。

2月11日，长江商学院山西校友会、山西方略保税物流中心等企业和团体向临汾红丝带学校（为艾滋病感染儿童提供治疗和教育的学校）捐款200万元。

2月14日，援农网络公司、顺成职业公司各向鹤壁市青少年发展基金捐赠200万元。

……

我们相信，这是中国绝大多数企业开展公益事业的做法。

然而，在我们看来，这种做法是把公益做得“太简单、太轻松”，这样的公益形式所产出的社会效益并不高，很难产生“1+1>2”的社会与经济效益。

并且，从长期来看，这种“简单的公益”做法还不利于企业公益事业的持续、稳定、长久发展，当企业的公益事业发展不稳定的时候，其最终结果将影响社会整体公益事业的健康发展。因为，能为社会带来最大效益的公益事业一定是那些持续、稳定、长久的，而不是时多时少、时断时续、时有时无。

而公益策划则不一样。

公益策划其实是一种“共益”策划，是“利世、利国、利民”的策划形式，它主张消费者、社会和企业“三得益”。

企业通过开展公益策划而产生“1+1>2”的社会与经济效益。社会效益让社会得益，经济效益的增加又会更进一步地促进社会公益事业的更大发展，产生更大的社会效益。

企业如何开展公益策划呢?

就是将企业的公益意识（社会责任意识）、企业的创新意识、企业家精神、企业的自身发展进行组合，摒弃简单的捐款捐物公益形式，代之以企业专业知识和技能，促进社会或受援助对象的“真正进步”或“真正改变”，从而达到消费者、社会和企业“三得益”之目的。

更进一步讲，公益策划就是将企业变成“公益企业”，产品变成“公益产品”，营销变成“公益营销”，终端变成“公益终端”，品牌变成“公益品牌”……“公益”企业的一切，像这样一家“公益了一切”的企业，做的任何事情自然都是公益的，它的任何事业自然也都是公益事业，企业自然也能够获得社会大众的高度赞赏与认同，企业的发展壮大也不言而喻：

- 生产高品质、绿色、环保、健康、安全的产品，不生产“公害”产品——面对当今混乱的市场，真正好的产品必然大受欢迎。
- 在产品销售价格中预留公益基金，用于特定或相关公益事业——就像农夫山泉的“一分钱捐助水源地贫困学生”的公益活动，企业通过这种方式，将消费者带进公益慈善的世界当中，让他们在得到良好的产品和服务的同时感受到自己为社会公平、正义和慈善做了贡献，从而产生良好的心理感觉，并与企业建立更紧密的情感关系，建立信任，形成品牌忠诚。
- 产品包装也应采用绿色、环保材质，低碳、不过度包装；也可在产品包装上宣传公益，比如一句简单的公益口号，甚至是一个爱心、笑脸符号——对于消费者来说，一家随时注重公益的企业更可信赖。

- 企业的各类平面印刷品采用薄型环保再生纸印刷，并尽可能减少印刷张数，也不为单纯地追求视觉效果而舍弃低碳环保信念。
- 把企业网站变成公益网站，或加入一些公益宣传内容。
- 把每年的员工大会开办成公益大会。比如精减关于公司运营总结与计划内容，将更多时间用于宣讲公益。
- 为员工提供更好的福利待遇与专业培训。为员工着想的企业不一定是公益企业，但公益企业一定是首先要为自己的员工着想。这样的企业能够在更大程度上激发员工的积极性与创造力。
- 为员工提供公益理念与知识的培训。鼓励支持员工自发成立各种公益活动小组，在不影响工作的情况下自主开展各类公益活动。

……

中国企业家
赶紧
修正你的良心
反思你的行为
运用“公益策划”
创新“公益产品”
推行“公益营销”
建设“公益企业”
徐大伟™ 策划机构
DAVID XU PLANNING ORGANIZATION

中国何时进入“公益产品”时代

又到“3.15”。今天对于广大消费者来说是太愉快的一天。大家都欢迎“3.15”。之所以欢迎和喜欢“3.15”，那是因为广大消费者受到的伤害还是很多、很大。也有今天最痛苦和难受的人，这些人此时此刻正如坐针毡，不知道自己的产品、自己的广告、自己的企业、自己的所作所为会不会被今晚的“3.15 晚会”曝光，会不会锒铛入狱，会不会倾家荡产，会不会遗臭万年，会不会“一夜回到解放前”。想想就能十分表面地体会到这些“3.15 孤独者”此时的艰难和内心的焦虑。不能像我这样听着“沉思曲”在小情调、小快乐下敲打这些文字，也不能像你现在这样自由和自然、心平气静地看着这些文字。看来，我们是做对了，做得最最对了。

继续在对的情绪下，一起来想想一件大事件。就是中国何时才能真正进入“公益产品”时代呢？不要一提到“公益”就想到慈善、捐款。这里所说的“公益产品”可以这样理解：泛指公共利益产品。就如，一个皮鞋品牌，这个品牌必须明白自己不仅仅是在销售皮鞋，自己是在传递一种对环境、对员工、对经销商、对社会、对消费者、对人类的关爱和保护，必须研究我用的牛皮是不是在合法、利益环境、利益大众的情况下取得的，在皮鞋的生产过程中我是不是破坏了当地的环境，是不是污染了当地的河流，是不是给予了员工应该享有的待遇和福利，是不是为当地社区贡献自己应有的贡献，设计生产的皮鞋是不是从合脚性、舒适度、健康性等方面关爱到了每一双脚，是不是想到皮鞋是推动中国国民素质提高的一个因素，想没想过自己的皮鞋对促进整个社会公益事业发展的作用是什么？

如果你是一个广告人，你有没有想到自己创作的广告是不是真正利益客户，是不是很好地爱了观众，是不是很好地张扬了“真、善、美”，是不是很好地把产品的独特优势与社会的“公益”需要做了有力的对接，是不是照顾到老人和孩子的感受和思想。

我想不是企业不愿意去生产“公益产品”，而是因为，大多数中国企业没有正确地了解和理解“公益产品”的内涵和价值，只是表面地以为如果真的生产“公益产品”会增加成本、会增加管理程序、会添很多麻烦，不现实，不易执行。其实，这都不是一些好理由，其实，“公益产品”是我们中国企业增加竞争力、增加利润率的一个有效的好战略。如果你的产品真能按照“公益”的标准和要求去创造，你就会发现，你生产的不再仅仅是一个“商业产品”，你是在生产“社会产品”、富有爱的“爱心产品”、利益大众的“公益产品”，你生产和销售这样的产品，你的前途会是什么样的呢？会得到员工、经销商、政府、社会大众、广大消费者前所未有的支持和尊重，会得到很多意想不到的社会资源和客户资源，你的品牌的影响力和美誉度极大提高，产品品质和产品价格也自然升高，人人喜欢你，人人支持你，你是真正地在做一个“利国利民利己”的大事业。

如果每一个企业、每一个品牌、每一个产品、每一个人都能真正了解和理解了“公益产品”的伟大价值，都能去创造和生产“公益产品”，那么今天的“3.15”就不会是一个“有人欢喜，有人忧”的节日，而应该是一个“皆大欢喜”的好日子。

“公益产品”才是企业最大的公益

很多事情不是做不到位就是做到沟子里去了。

在这样一个亮满圣诞树的冬夜，还会有谁能安静地听我说这些废话。

这是一个不适合流泪的夜晚。

圣诞节快到了。

没有谁去管圣诞节是谁的节，都在说：亲，圣诞节怎么过。

亲来亲去，却不知道人与人之间还剩下多少真正的“亲”。

楼下停着一辆偌大的悍马车，看着这个车，我就在心里想这个车主真傻，买这么一个喝油的摆设，不如省下一百万来做公益，若用一百万来买书送给孩子们阅读，不知道能帮到多少孩子，会看到多少笑脸，他若知道我的赠书行为，一定还会说我才是傻子，其实到底谁傻，看不明白的人最傻。

人变得越来越傻，基本的做人道理都被世俗所掩，看不清自己，找不到目标，只能互相搀扶着随波逐流，人的特立独行早就成了稀有，在这样一个年关来临之日不知道有多少人正在为讨要工资、欠债和尾款而奔波烦恼，其实，作为一个正直的人，欠人家的钱不应该第一时间还人家吗？不应该十分抱歉地跟人家赔不是吗？可今天，讨要欠款的人都差点成了乞丐。

人变得越来越吵，肯安安静静地埋头苦干的年轻人越来越少了，因为大部分的年轻人都躁动了起来，不是忙着淘宝，就是微博，再不就是网游聚会。肯安安静静地做事的企业家也越来越不常见，不是出席这个论坛就是参加那个酒会，再不就是高尔夫出国游，他们也许一年也没有时间读完一本书，或许他们就从来没想到要看书，在飞机上翻翻杂志不也是看书吗，他们经常这样想，最近这些喜欢抛头露面的企业家的企业开始做起公益来，不是捐款，就是成立基金，他们说企业的社会责任就是做公益。

我当然喜欢看到他们这样做，可他们却做偏了，自己的产品没有做到最好，自己的产品不是这里出问题，就是那里有漏洞，今天这个消费者投诉，明天那个买家网上大骂。我不知道这些企业是怎么了，他们傻了吗？一边是糊弄消费者，尽量掩盖事实，混淆是非，一边却大张旗鼓地做公益。

在这里就不点名了，谁的火腿肠又发现了蓝色的异物，谁的产品里又吃出了苍蝇，谁在与合作伙伴对簿公堂，中国企业家们，你们怎么了？

到底什么叫公益？没有公害就是公益。可你的产品正在公害消费者，难道你不知道这样的公害做再多的公益都于事无补吗？难道你们不知道做公益没有什么了不起，做公益要从你的为人做事开始，从你生产的产品开始，把每一个产品都做到最好，让每批货品都合格，让每一个销售人员都讲基本道德，让每一个广告都给人爱和力量，让每一个消费者都开心，让这个世界因你的产品而更加美好，这些不都是天大的公益吗？

所以，不要随大流地认为做公益就是需要企业拿出一部分钱来做善事，一个企业最大的善事就是生产出利国利民造福大众的物美价廉真材实料的产品，“公益产品”就是最大的公益。

这样的夜晚，最需要安静，需要你一个人站起来看着窗外，想你的意义和价值，想这一生把全部的精力和最美的时光都给什么，想其实自己的天地大得很，不必一定要闯进别人的天地里，想时间过得好快，有的人都走了，有的人还没有清醒，不冒险过出自己想要的生活不是白活一生吗？

这个世界最需要安静的企业家，安静的企业，安静的学校，安静的模特，安静的策划人，安静的公务员，安静的大学生，安静的法官，安静的医生，安静的厨师，安静的音乐人，安静的导演。

罗斯福说：“动嘴的人不重要，他们只看别人犯错，告诉别人如何改进，而荣耀只属于真正上场的人。”

看不明白的人最傻。

开创公益终端

这个城市比较热。

后来发现是因为有一件事情让我着急。

所以热。

一天不写文章，一天对不起读者，一天都是热。

有一个大人物说过这样一句话。

“我成功的秘诀有三个：第一是，决不放弃；第二是，决不，决不放弃；第三是，决不，决不，决不放弃。”

决不放弃写文章，决不放弃日报，决不决不放弃探索广阔的世界。这才是我。

伟大的时钟上只有一个词——现在。

现在你在做什么最重要。

现在做什么的都有。所以，这个世界上什么人都有。

每天晚上拿出15分钟来回想自己的这一天，默想一下自己活着的意义，自己的过错，自己的进步，非常必要，坚持下去，你就不同。

诚实的人才能客观，才能看明白事情，才能有洞察力。

什么叫圣人？圣人就是每天都在修正自己行为的人。

这两天晚上，我一直在思考一个问题：我能把公益策划推动到一个什么高度，一个什么广度，一个什么深度？

我今生的使命是不是“公益策划美好世界”呢？

有多少人懂得什么叫公益？

有多少人都是“公害人”？

有多少产品都是“公害产品”？

有多少商人都是“公害商人”？

有多少官员都是“公害官员”？

怎么让这么多荼毒众生的“公害”变成“公益”？

如何做“公益人”、“公益产品”、“公益企业”、“公益营销”？

一个人怎么才能成为一个公益人?

不做坏事，不说坏话，不兴坏心，就是公益人。

如何把现有的产品塑造成“公益产品”？

问号是开天辟地的信号。

突然就想到了“公益终端”四个字。

所有的商家都很重视终端，因为那里是一手货一手钱的地方。

全世界的终端差不多都是“商业”的，为什么不能突破平凡建设一个“公益终端”呢?

公益的店头如何做? 服装店的店头除了店名之外，能不能加上一句话：不服不要装，真话有人听?

服装店为什么就不能推出“时尚家”，免费给顾客提供服装时尚搭配建议和顾问呢?

为什么不能在顾客消费满100元后，现场退给顾客10元，让他亲自投在“给大山里的孩子送去一件小棉袄计划”的捐款箱里呢?

不能设计一面“小棉袄的笑脸墙”吗?

给顾客装衣物的手提袋不能设计成“小棉袄”的造型吗? 不能成为传递“爱”的载体吗?

有了“公益终端”的商家能不盈利吗?

意见可以各种各样，真理只有一个。

公益包装，让您眼前一亮

产品包装，是消费者对产品的视觉体验，是产品个性的直接和主要传递者，是企业形象定位的直接表现。在销售终端，面对同一品类不同品牌的产品，产品包装的设计、特色、调性是给消费者最直接的印象，特别是货架上五花八门的快消品，如饮用水中娃哈哈、统一、康师傅、屈臣氏、雀巢、冰露、怡宝等瓶装水，它们大多数包装都是以蓝色、绿色为设计风格，而农夫山泉却另辟蹊径走红色包装路线。农夫山泉的红色包装成功了，在琳琅满目的货架上，吉祥喜庆的红色给人眼前一亮的感觉，不管消费者买或不买，起码它从众多品牌中“站出来了”。

很多消费者都是感性消费，特别是对某些产品的初次购买时，在他们对产品不太了解的情况下，包装符合不符合他们的“口味”很重要。在商品极大丰富的今天，消费者对每个产品的关注时间非常短暂，必须抓住消费者的眼光从货架扫过的一瞬间。

好的包装设计是企业创造利润的重要手段之一，但是往往也会使一些企业家们走上包装误区，对产品过度包装，特别是礼品行业。“送礼就是送的面子”，商家们深知消费者的这一心理，于是会在包装上大做文章，以吸引购买。而很多消费者也是不求产品实质，追逐礼品表面风光。说到产品过度包装，不得不提到的是每年中秋的“天价月饼”，一盒月饼上千元的价格是常有的事情，靠的就是包装。其实原料成本也就十几块钱，包装成本却占了很大一部分。

“天价月饼”的出现除了产品品质本身好、品牌大等因素以外，包装要数最大的推手。过度包装不仅浪费资源、污染环境，而且导致商品价格虚高，损害消费者利益，扰乱市场秩序，助长奢侈腐败现象。面对这种过度包装现象，政府相关部门还多次颁布相关文件规定企业对产品的包装应当合理，包装的材质、结构和成本应当与内装产品的质量、规格和成本相适应，不得进行过度包装。

去年中秋，我们收到远大集团自制的“环保月饼”，每一个月饼上都印有远大的logo，包装是最简单的环保纸包装。最为打动我们的是盒子上面的文字：“为了环保，我们做了很小的包装，请用完月饼后，把包装作为文具盒或其他储物盒，切勿丢弃！用一两年都不会坏呢。”盒子在设计上也处处体现简约的环保之美，仅仅只有几片散落的绿叶。配上一段美丽的文字：

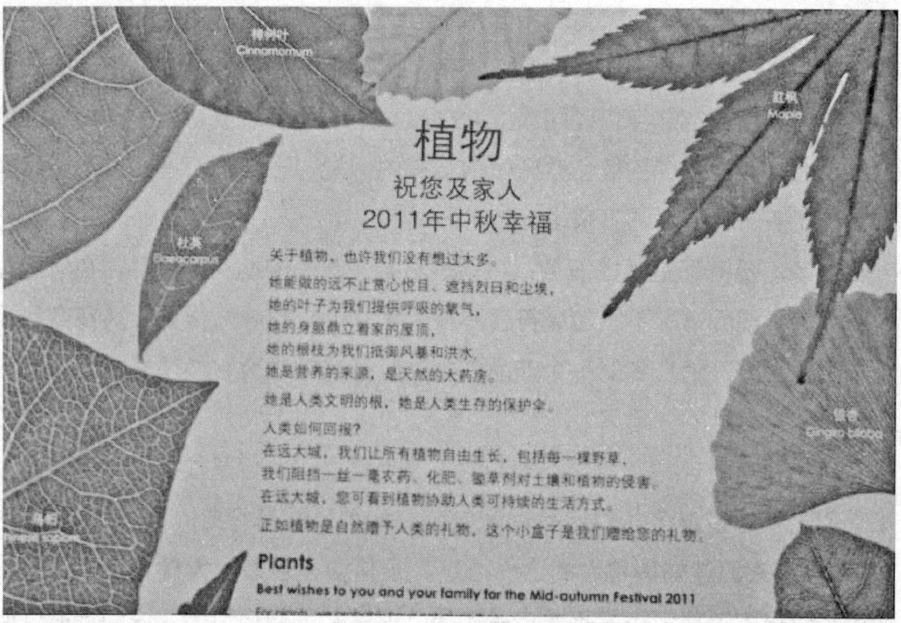

植物祝您及家人

2011年中秋幸福

关于植物，也许我们没有想过太多。

她能做的远不止赏心悦目、遮挡烈日和尘埃，

她的叶子为我们提供呼吸的氧气，她的身躯鼎立着家的屋顶，
她的根枝为我们抵御风暴和洪水，
她是营养的来源，是天然的大药房。
她是人类文明的根，她是人类生存的保护伞。
人类如何回报？
在远大城，我们让所有植物自由生长，包括每一棵野草，
我们阻挡一丝一毫农药、化肥、除草剂对土壤和植物的侵害。
在远大城，您可看到植物协助人类可持续的生活方式。
正如植物是自然赠予人类的礼物，这个小盒子是我们赠给您的礼物。

这就是远大集团的公益包装，如果不是亲眼看到这个盒子，我们不会再一次被远大所折服。远大集团的口号是“我们保护生命”，他们是发自内心在呼唤。远大本来不生产月饼，但是作为送给客户的礼品，远大从每一个细节都把自己的集团理念体现得淋漓尽致。远大的公益包装，让我们眼前一亮，我相信，看到这个案例的人也会眼前一亮。因为在传统企业家心里，包装就应该突出产品的特色，广告语、文案、配方等是必不可少的，很少人敢于打破这一行业规则。

作为真正生产月饼的厂家们，你们敢公益一回吗？摒弃原有的奢华包装，陈旧设计，来一次彻底的转型。中国那么多产品生产商，你也可以让你的产品与众不同。公益包装，不是作秀，而是从内心拥有爱，从外观设计到制作都可以作为品牌形象联想的来源之一。

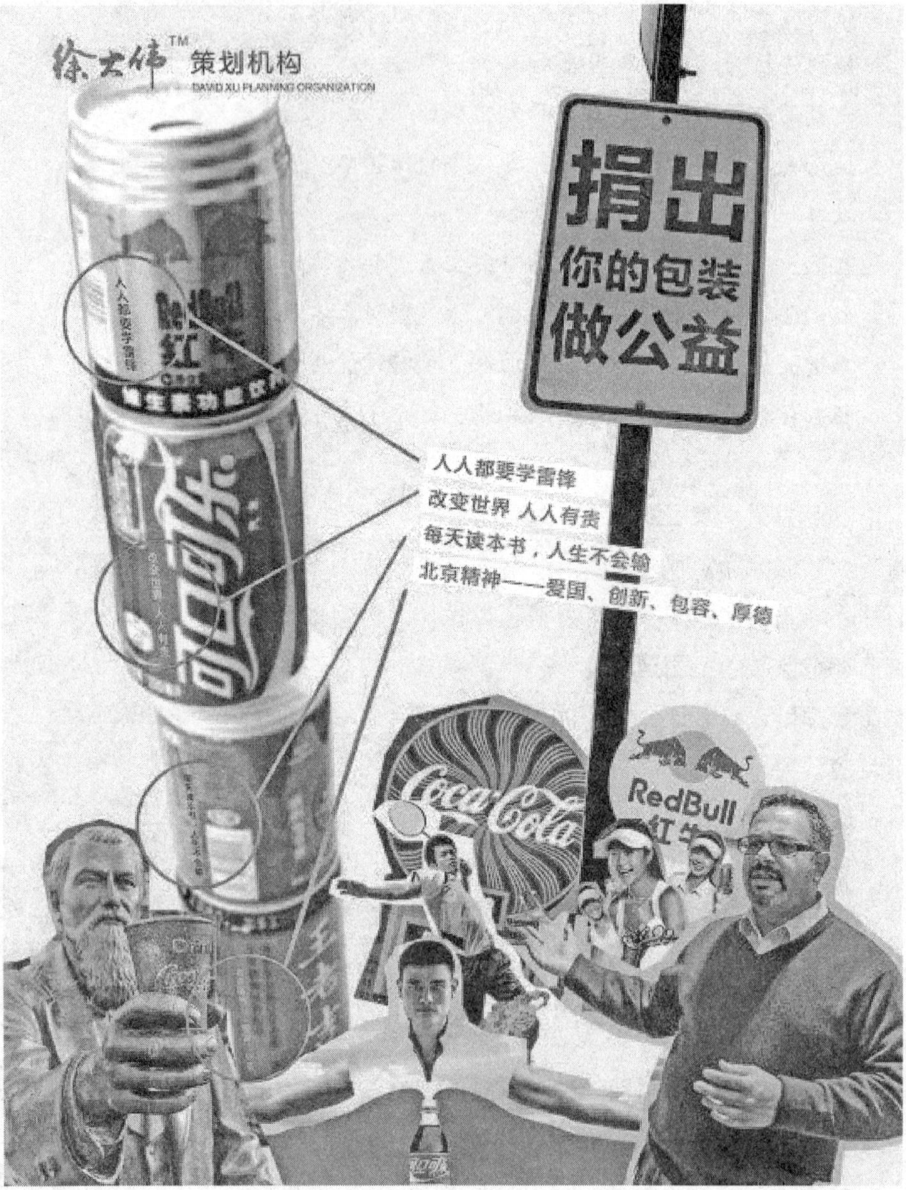
徐大伟™策划机构
DAVID XU PLANNING ORGANIZATION
捐出
你的包装
做公益
人人都要学雷锋
改变世界 人人有责
每天读本书，人生不会输
北京精神——爱国、创新、包容、厚德
RedBull
红牛

中国企业如何学雷锋

海尔如何学雷锋?

“雷锋号”冰箱，海尔文化周，海尔用户沙滩月，海尔青少年冲浪大赛，海尔公益产品白皮书，海尔“益世界”计划。

联想如何学雷锋?

联想“我是雷锋”行动日，雷锋手机，“电脑是工具，学习是根本”绿色电脑计划，联想公众电脑学习大课堂，联想公益之夜。

中国移动如何学雷锋?

移动公益图书馆，贫困山区话费减免计划，移动电话改变乡村面貌工程，手机商学院，手机成长语录，“日行一善”短信。

中国石油如何学雷锋?

中国青年创业加油论坛，雷锋加油站，雷锋主题加油卡，中国少年加油基金，白领加油网，“人人礼让，路路畅通”公益车贴。

中国银行如何学雷锋?

雷锋服务精神宣言，上学基金，中银公益卡，“知识银行”建设计划，中银雷锋奖，中银雷锋信用卡，中华美德宣传品。

农夫山泉如何学雷锋?

雷锋瓶装水，“多做运动，少玩网游”公益主题包装计划，“学雷锋，树新风，喝好水，做好人”主题公益广告，“走人行道，做正直人”城市广场宣传季，农夫山泉好人节。

万科如何学雷锋?

万科物业“雷锋班”，万科农村少年夏令营，王石励志登山月，万科雷锋精神雕塑展，万科社区故事会，万科生活艺术节。

娃哈哈如何让这个世界“乐哈哈”

我们坚信：公益策划是改变世界的良方。

我们正在利用这个良方挑战约定俗成的一切，挑战自私自利的一切人与事，抓住所有机会推广“公益策划”这个理念。

今年是知名中国企业娃哈哈集团成立二十五周年，一个企业的最好年代。

娃哈哈的未来接班人宗庆后的女儿美女总裁宗馥莉说她的新年愿望是：“希望娃哈哈能让全世界知道。”

而我们对娃哈哈的新年愿望是：“希望娃哈哈能让全世界乐哈哈。希望娃哈哈在面对激烈的国际品牌竞争，多变的市场环境，善变的消费者，看涨的原材料和人力成本，中国城市化的加速，人们生活品位的极大提高和对品质、品德的苛刻追求，全渠道全媒体时代的到来，网络一代年轻人的特立独行等等新鲜机遇新鲜挑战来临的时候能够‘以变应变’、‘以不变应万变’，勇立潮头，再次为中国企业做出榜样。”

怎样才能最快地让全世界都知道娃哈哈呢？最快的方法是——用实际行动爱到全世界，帮到全世界，美好这个世界，美丽这个世界上人们的生活，娃哈哈就能让全世界知道。

说直接点，就是娃哈哈首先要立志成为一家“公益企业”，所谓公益企业，不是让你把企业的所有收益全都捐出去，不是让你从此为众生打工，是希望你能建设一个“三得益的企业”，社会得益，消费者得益，企业得益，建设一个利世利国利民型企业，成为了公益企业，你就需要有“公益企业文化"、"公益企业管理"、"公益工厂"、"公益供应商"、"公益经销商"、"公益员工"、"公益产品"、"公益营销"、"公益广告"、"公益服务"等等一系列公益作为。

也许你会问什么叫"公益产品"？其实，公益产品很简单，前提是一定要确保我们创造的产品是"三不害"产品，不伤害环境，不伤害消费者，不伤害企业的长久利益，然后是把产品的包装变成"公益包装"，变成一个让每一个人看到包装就会会心一笑，都会感动感到惊奇的包装，把所有产品的包装都变成传播爱与实践爱的载体和平台，然后再启动公益营销，比如娃哈哈可以创新推出"学生饮料"计划，开发"学生果汁"、"学生果奶"、"学生可乐"等等产品，同样在产品包装设计上要体现对孩子们的关爱和启发，价位定在学生们能够接受的范围，再从学生饮料的利润中拿出一部分钱在全国建设"娃哈哈孤儿之家"，让孩子们通过购买"学生饮料"帮助需要帮助的孩子们。

也可以启动一个"非常可乐农民工技校"建设工程，在全国各大城市建设"农民工技校"，免费为广大进城务工人员提供技术培训，难道这样做不会促进"非常可乐"的销售吗？企业得益，广大农民工得益，社会得益，这样共赢天下的事情为什么不去做呢？

坚持做一家"公益企业"，推广"公益产品"，通过一系列的公益行为，难道娃哈哈不是正在改变世界吗？难道康师傅、统一、可口可乐等国际企业不会从此对娃哈哈肃然起敬吗？难道这个"公益企业战略"不会大大增强娃哈哈的市场竞争力吗？谁不愿意支持一个正在直接或间接帮助自己的企业？国家不大力支持？媒体不全力支持？还是广大娃哈哈的合作伙伴会不支持？

让我们一起公益起来吧！让娃哈哈从此"乐哈哈"，全世界也都会知道娃哈哈！

“大家益起来”改变世界策划之：有愿就有力

一、反世态炎凉饮料

一瓶饮料怎么改变世界，一瓶倡导“反世态炎凉”的饮料，你会不会买？你会不会用购买这个“公益饮料”来支持“世界反世态炎凉基金”所采取的一切行动？

二、青年试验田计划

青年人最大的敌人是自己和自己的亲戚朋友，“这个想法太天真，这个创意行不通，怎么可能做到呢，如果那么简单怎么大家都不去做”，这就是你的亲戚朋友每天都在对你说的话，从此刻，甩掉它们，做不做得到，试过才知道，赶紧成立“青年试验田计划”，试验理想。

三、床头书工程

床头书目公布，床头书赠送，床头书出版，床头书朗诵会，“人人都有床头书”宣传月活动，需要你去自己动手，现在就干。

四、“一包烟换一本书”运动

抽烟是自杀，看书是自强，用自强换自杀，你应该会算账，在改变世界之前，你需要先改变你的世界。

五、随时微笑行动

你的微笑是自由的，你的内心是伟大的，马克·吐温说：“为自己喝彩的最好方式是尽力为别人喝彩。”随时微笑，改变一切。

六、“我原谅你”卡片寄赠计划

没有什么错误，没有什么行为，是爱无法原谅的。原谅他们，就是解放自己。

七、世界友好家庭计划

你的家庭愿意跟非洲的一个家庭结成“友好家庭”，并决定尽你们家庭所能地帮助他们脱离贫穷和苦难吗？人类学家 Margaret Mead 说过：“决不要怀疑一小群有思想且执著的市民能够改变世界，实际上正是他们改变了世界。”

八、“我听你解释”运动

有的人有话憋了一辈子，始终没有说出口，因为没有机会跟他曾伤害过的人解释或者是没有说出真相的勇气，总要给他们提供一个解释的机会，总要倾听他们的心声，当然，你也得大胆地说出来。

九、“你不吃这些也不会饿肚子”宣传月

思考放入你嘴里的东西会有很大的启发性，想想你正在吃的牛蛙，它经历过了多么残酷无情的杀戮才进入了你的嘴里，想想美丽池塘蛙声一片，想想你吃了多少不该吃的生命。

十、“免费出租自己一天”计划

在城市的广场上竖立一个牌子，写下你的简介，你的专长，把自己免费租给任何人使用一天，看看你的义举如何改变了你的人生和他人的生活！

“大家益起来”改变世界策划之：去做而不是看

一、癌症免费筛查计划

免费帮助广大农村60岁以上的老年人进行癌症筛查，提前发现，尽快治疗。

二、结婚树

号召每一对新婚夫妇都去“爱世界公园”中种下一棵“爱情之树”，给这个世界增添爱和绿色的力量。

三、成功面试网

给予年轻人关于面试的一切指导和培训，甚至借给没有合适衣服穿的年轻人“面试服”。

四、用心不用脑说话日

倡导用心表达，而不是用脑算计地说话，宣扬真诚，揭露虚伪。

五、51本书计划

公布51本改变人生命运的著作名单，倡导每个人每周读一本书，一年读51本书，改变自己，改变世界。

六、“你是一个好人吗”计划

赠送广大百姓写有“你是一个好人吗”口号的T恤，发问人人：你是一个好人吗？

七、“开心医院”计划

怎么让一个医院笑起来，怎么让一个病房笑起来，怎么让一个医生笑起来，怎么让一个病人笑起来，怎么让一个病人家属笑起来，怎么让一面墙笑起来，怎么让一群护士围着一群病人哈哈大笑，就是这个“开心医院”计划该做的一切。

八、“仰望天空”运动

每一次我仰望天空的时候，我都在想我在这个星球上应该扮演一个什么样的角色，我做一些什么事情才能给生存在这个星球上的人类增加荣光。

九、大喊俱乐部

你有地方大声喊叫吗？你声嘶力竭地喊过吗？你把你的郁闷和痛苦喊出来了吗？你把你的伟大梦想和不屈斗志喊出来了吗？重拾信心和勇气，也许你需要大声地叫。

十、触目惊心之旅

你看过这个城市堆积如山的垃圾吗？你知道黑心工厂怎么生产食品吗？你了解一个孤儿的内心世界吗？你见过一个残疾老人一天的艰难生活吗？

最好的商业就是“爱的买卖”

这样的题目一出来会引来一大片笑声。

我的两个同事的笑声最大。

一个说：这句话听上去怎么那么像爱情买卖?

一个说：太过了吧。

我说：就是这个题目，管它呢。

“管它呢”是我的名言，也是成就不少事情的起因。

这个世界成事的人少，坏事的人多。

当很多商人都在不择手段千方百计地想着怎么样把自己的产品销售出去的时候。

我偏安一隅，不知道怎么帮助到他们，不知道该怎么刺醒他们。

他们也不知道我是谁，我为什么能帮到他们，我能给他们带来什么样的新风。

当很多企业老板天天都只想着公司盈利、股东回报、产品销售的时候，我们的很多媒体还在口口声声这个企业家那个战略家地叫着，还在一个奖一个奖地发给他们，只要他们有钱交上这个颁奖活动的会务费，只要他们出钱，就给他们奖，却不管他们配不配得上“企业家”这个称号，更不管他们有没有资格得这个奖。

当你知道几乎所有的奖都是“买”来的时候，你有什么感受呢?

真实的一天。我们每一个人都需要真实的一天。

活在这个世界上，没有特别坚强的意志，你就看不到真实的世界，享受不到豁然开朗的幸福和快乐。

真实地看现在的很多企业，你就会发现，他们一直在玩“欺骗社会、欺骗环境、欺骗员工、欺骗同行、欺骗经销商、欺骗供应商、欺骗消费者”的把戏，只不过因为这个游戏规则已经被大部分的企业相关利益者们所默认，所以至今没有被颠覆。

而今天，我站出来说句实话，这个世界上大部分的企业都是“公害企业”，不是“公益企业”，根本就不配荣誉和赞美。

不是害环境、害社会、害生物，就是害员工、害消费者。

所以我说最好的商业就是“爱的买卖”。

把你最真切和深情的爱拿出来，研究消费者需要什么样的爱，需要怎么爱，社会需要什么样的爱，怎么爱，你的员工需要什么样的爱，怎么爱，然后，把你研究出的“爱”再通过创新、创意、创造变成“产品”，变成商业模式，变成可见可感的爱的表达，这就是“爱的买卖”。你卖“爱”，消费者买你对他的爱、你对世界的爱、你对生命的爱。

所有的交易都是爱的交易，所有的营销都是爱的营销，这就是伟大商业的全部秘密。

所有的企业都应该是“爱的企业”，都应该是“爱的创造者和营销者”，所有的产品都应该是“爱的产品”，所有的专卖店都应该是“爱的专卖店”，所有的公关活动都应该是“爱的公关活动”，所有的促销都应该是“爱的促销”，所有的设计都应该是“爱的设计”，所有的员工都应该是“爱的员工”，所有的车间都应该是“爱的车间”，所有的经理都应该是“爱的经理”。

所有的文章都应该是“爱的文章”。

所有的读者也都应该是“爱的读者”。

“公益策划”助力“老弹匠”蜕变之策略构想

一、老弹匠目前症状初步诊断

1. 品牌上

“老弹匠”是一个很好的产品品牌，名称好记又富有传统历史感，与行业紧密结合。但目前“老弹匠”的品牌含义与价值没有深挖出来。

2. 产品上

老弹匠选取优质棉料，质量好，有底气承诺十年保质，但有多少客户知道？如何让客户相信老弹匠的承诺经得起市场的“拷问”？光自己喊不行，得让客户跟着喊，形成口碑。

3. 形象上

A. 老弹匠没有建立现代化的 VI 系统，包装又没特色。

B. 老弹匠官方网站太土，土得没调性，不能很好地展示公司以及产品。

4. 渠道上

老弹匠目前主要走的是 B2B 市场，在当地靠一定价格优惠政策，会有一定市场。但真正要走向大众 B2C 市场，默默无闻的小品牌，如何销售？如何让经销商眼前一亮呢？

5. 传播上

产品拥有好的质量，却无人问津，仅当地销售好，在产品信息大爆炸的年代，没有巷子深的酒馆。

为什么别人只买听到过的牌子？世界上本没有品牌，传播多了，别人就知道了，便形成了品牌。老弹匠在传播上做了哪些工作呢?

6. 营销上

老弹匠想着重在网络上打开销路，不是守着淘宝店和阿里巴巴网站就能客户迎门。微博营销、网络新闻软稿、视频互动、事件营销等多方面网络营销方案如何做?

二、老弹匠要做品牌，在市场中突围，建议从以下几方面着手

1. 优化品牌

深挖品牌故事：凡大品牌，都会讲一段悠远绵长的品牌故事，在产品同质化时代，很多客户买的不是产品而是情感。老弹匠也可以有自己的品牌故事，从棉花原产地故事再到加工工艺多方面深挖。

2. 概念创新

占位“睡棉”概念，注册“睡棉”商标。

3. 品牌口号

棉好，睡眠才好——老弹匠，好睡棉。

4. 品牌卖点

A.“睡棉”概念。

B. 棉花产地：加工用棉均来自新疆塔克拉玛干沙漠边缘，叶尔羌河畔，又名“热力卡长绒棉，号称棉花之王”。

C. 品牌文化：老弹匠，老文化，老工艺，老传承。

D.“以棉为体，以人为本，最高标准，最好产品”的企业价值观和理念。

5. 升级 VI 形象

从企业形象到产品包装，统一升级，创新“公益包装”，塑造“公益产品”，产品即广告，包装即公益广告，产品附赠“睡眠哲学手册”。

6. 公益营销

A. 创建“绵薄基金”，每买一床棉被，将有 x 元被捐入“绵薄基金”，作为援助西部贫困山区儿童基金。

B. 关爱棉农，共同致富，启动“新疆棉农培训计划”。

7. 网络营销

A.“老弹匠选拔赛”——在全国选拔 100 位传统老弹匠，为“老弹匠”

的网络宣传造势。

B.“老弹匠试睡节”——赠送全国各地消费者100床棉被试睡，撰写“试睡日记”，借此网络传播。

8. 渠道拓展

A. “老弹匠睡棉馆”加盟连锁。

B. “睡棉网”成立，创建“睡棉网”B2C形象网站，抢先占位关键词，在客户心智中加大宣传“好棉与好睡眠”的深层关系，从而带动老弹匠的品牌提升与销量。

公益策划“国家大剧院”

坐在一个城市的饭店的一张桌子前，看世情百态。

我喜欢怀着这样的心态看这个世界和这个世界上生存的人类。

就像我活在外面，从外面看里面。

旁观者这个角度给了我无数个想法和无比的清明。

左前方有两个男人在喝酒，一个中年，一个青年。桌子上的酒却是少年的量。

中年人掀起衣服露出肚皮，拿起电话说:“在哪儿呢？有鱼吗？你先钓着，我俩一会过去。”

说完又是碰杯又是喝又是点烟又是说。

坐在这里，我心里始终不是滋味，我总是觉得，我的存在到底能给这个世界带来什么？我能为这个世界做出什么开天辟地的事情？

我不知道当把大把的时间用在了吃喝玩乐上的国民占大多数的一个发展中国家，它的前途是什么？

除了经济总量在增长，很多东西都在停步不前，甚至是倒退的情况下，我该说什么？

我不知道如果把大多数人每日浪费的时间节省下来，用在正事上，我们的国家会多文明进步，国民会多幸福快乐？

很多人都不知道什么叫国家？国家不就是国民的家吗？不就是我们每一个中国公民共同的家园吗？

既然这个960万平方公里的地方是我们每一个中国人的家，那么，我就更不明白了，为什么“国家大剧院”成了有钱人的戏院，却没有成为每一个国民都有权享用的文化中心?

我当然知道我这样说话的口气，这样的问话，有人早就不喜欢听了。

但是，没有办法，就是因为你不喜欢听，我才说。

难道国家大剧院不应该是“公益”的吗？不应该是人人都能自由出入的公共场所吗?

也许，你会笑，不需要管理费吗？不需要运营费吗?

我也会笑，这些费用难道不应该是由国家来买单吗？国民在交税，国家就应该提供这样的公共服务。

不然，你就不要叫“国家大剧院”，国家大剧院就应该跟国家图书馆一样，免费向国人开放。

只免费开放还不够，还需要做“公益策划”:“国家大剧院山村行”活动、国际歌剧国民免费欣赏月、免费发放《国家大剧报》、国家大剧院山区孩子日、国家大剧院盲人艺术节、国家大剧作者评选、国家大剧奖、国家大剧院经典作品公益巡演、社区话剧之夜、国家大剧院开放讲坛、《国民音乐品位手册》、联合中央电视台开设《国民音乐时间》栏目、“给亲爱的农民工写首歌”计划、给大学生唱一首“信心歌”工程、公益电影创作支持计划、公益话剧周、国家大剧院家长专场日、中国火车站原创音乐播放季、电台节目《国家大剧院之声》、“晚餐音乐”推广工程、狱中之歌创作周。

当大多数人都认为公益就是捐款捐物的时候，是不是很多人会给自己找借口说我现在还没有更多的钱来做公益，而坚持不做“公益人”，做了“公害人”了呢?

当很多人都没有意识到自己其实是一个“公害人”的时候，我们是不是应该让他们意识到你在办公室里抽烟，让其他的同事吸二手烟，你就是“公害人”?

你看人的眼神不友好，你满身都是刺青，影响着周边人的情绪，你也是“公害人”。

你只想着自己的舒适日子，却从来没有主动给远在老家的婆婆打一个电话，你还是“公害人”。

你迟到、你偷懒、你要小聪明、你占小便宜，你更是“公害人”。

当“公害人”越来越多的时候，“公益国”还有可能吗?

当国家体育场成了商人租赁其开滑雪场的地方，当国家大剧院成了“富人大剧院”，这是不是证明这个国家正在变穷呢?

伟见：中国汽车企业，你们为什么不开创“校车”新品类

我们都知道2011年的11月16日，出现了一次重大的校车事故，事故发生在甘肃，死了21个人，伤43人。在这21个孩子当中，未来可能有天文学家、画家、思想家，乃至政治家。但很可惜，我们再也看不到他们了。说到这件事情，全国人民都很伤心。于是让我们想到一个问题，就是怎样杜绝这种事件再次发生。杜绝的方法是什么？在各抒己见后，很多人都有想法。在我来看，校车是社会本身应该做的事情。说到校车，第一就是校车的创造问题，第二是校车的管理问题。我们有没有专业的校车，校车如何进行专业的管理。所以这期的“伟见”主题就是“中国汽车企业，你们为什么不开创‘校车’新品类？”

今天我们谈七个观点。第一个是新品类的问题。校车其实是一个新品类，像救护车、警车、消防车等是一样的，它是一个新的品类，它是独有的。我们做商业更重要的是去创造，而不是复制，也不是去竞争，去模仿。现在很多企业家都不明白创造的价值，其实商业的本质是创造，从无到有，开天辟地。每天我们都沉浸于你死我活的竞争中，这样显得很浅显，其实这个世界很广阔，路很多，方法很多，创意很多。简单地说是“三创”——创造、创新、创意。有这“三创”，你就会发现，世界是无限的，需求也是无限的，遍地是黄金，就看谁能去发现它。其实每个行业都有未满足的消费需求，每个企业都有很大的生长空间。只是我们的智慧不够，视野不开阔，见识太少，就会陷入困境。

所谓校车新品类，就是创造了一个独一无二的市场，这个市场就是新产业——校车产业。我们可以开一个校车产业的经济论坛。我在网上看到一个数据，是汽车频道报道的，现全国接送中小学生的校车有 28 万辆，符合标准的却只有 2.9 万辆，仅有 10% 的校车是符合标准的。平均六千多名学生才拥有一辆专业的校车。中国有 2.33 亿中小学生，即 9000 万学生需要坐校车，校车的市场用量超过 100 万，每年的更新规模达到 10 ~ 15 万。作为一个敏锐的商人，就会发现这个巨大的市场空间，巨大的升值空间。我们应如何利用这个市场，如何从这个市场中找到新商机，做些利国利民的事情。有了新品类、新产业，现在需要创造一个新品牌，创造一个独一无二的汽车品牌，可以注册一个品牌叫“希望”。我们知道“希望工程”造福了千千万万的学生，那我们完全可以做一个希望牌的校车品牌。中华汽车、吉利汽车，甚至宝马、奔驰都可以做这个品牌。当然要重新注册一个品牌，就叫希望牌，或者是未来之星牌。因为幼儿园的孩子们都是祖国的希望，未来之星。并且我们要保证他们的安全，让他们得到最好的照顾。

说到国内几个大的汽车品牌，我觉得他们可以做的更好。尤其是中华汽车，它好像都忘记了自己的“中华”品牌。我们都是中华儿女，炎黄子孙。中华包罗万象，我们有浩瀚五千年的文明，有灿烂的中国传统。这些都是中华汽车可以利用的资源。那么中华汽车在这个时候是不是应该站出来，做一个“中华牌校车”，使它正式上线。我所说的新品类、新品牌都是很专业的，是为学生量身打造的汽车。我们要有自己的新配置，比如根据幼儿园、中小学生的身高体重量身打造座位的尺寸。有幼儿园、小学、中学、大学、教授、老师等专用车。在这些配置中我们要有人性的关怀，比如安装一些救护设备、医疗设备等基础性设施。刚才说到新品类、新产业、新品牌、新配置，那么什么叫品牌？其实中国很少有自己的品牌，真正的品牌有四点，第一是品质，品质必须要过关。有很多企业品质都不过关，每天只管做产品，却不懂什么是品质。第二是品味，第三是品行，第四是品德。用这四个标准来评价中国的产品，会发现品质好的没有好品味，品味和品质都不错的品德又差一点，很难兼顾到这四点。我们每天都会遇到困难，但要面对现实，解决问题。品味不行的提升品味，品质、品德、品行都是一样的道理。

有了新的配置之后，我们需要统一的包装，即新形象。如同校车、警车都有统一的包装。我们知道全国各地的警车都是相同的，包装是类似的。每个城市的出租车也都有统一的包装。那么国家教育部与交通部能不能为校车出一个标准，给校车统一包装。在统一的同时也可以有自己的个性，突出自己学校的特点，这些在校车上都可以体现出来。

有了新形象，接下来需要新政策。万事都需要政策，规范，标准。第一就是统一车牌，我们知道警车的牌子和军车、救护车的牌子是不一样，它区别于其他的车牌。校车也可以通过车牌形成差异化，比如在高速公路上其他人可以很轻易地识别校车，校车上可以有“校 A、校 B”字样的标识。校车也享有很多的优惠，如开一个绿色通道，让所有的校车在公路上行驶都享有特权，因为孩子们是值得享受特权的。比如高速公路或其他公路上免费的政策等，让它一路畅通。

第三我们要确保孩子们的安全。车本身一定是安全的、专制的、量身打造的，那么驾驶员呢？不管你现在是什么驾照，若要驾驶校车必须通过专业的考试，合格后颁发校车驾驶证。全国所有的校车都要请专业的校车驾驶员驾驶，这样从源头上我们就解决了校车的安全问题，车是安全的，驾驶员是过关的，沿路也是安全的，一路畅通，那么出事的几率自然就会降低。

再者需要公益的力量。公益是分三部分完成的，政府、企业、学校要做的事情，三方面结合起来。公益是商业的本质。我们经商赚钱，为的是什么？是为了美好这个世界，为了改变大家的生活，为了造福人类，为了改变世界。而很多人不知道做公益的目的是什么，做商业的目的是什么。其实就是为了保护每个人，爱护生存环境。做公益需要政府搭台，由政府出一些政策。并且我们可以和企业一起联合推广校车工程。政府应提供一些补贴，比如一辆车补贴 5 万或者 10 万，这些由政府出标准。根据中国学生的特点、学校的需求量身定做自己的安全校车。这些当然是学校和学生受益了，学生从此以后就可以放心上下学，不再恐慌了。

很多时候我们不能正确地面对失败，从而导致不断地失败。所以我们要正确地面对，找到失败的本质。

第五篇

策划是人生，公益是生活

如果你是策划家，就宣告你就是最好的策划家

这个世界什么人最可恨?

说好的事情却做不到的人。

这个世界什么人最可恶?

约好的时间总迟到的人。

这个世界什么人最无望?

什么事都是能拖就拖的人。

这个世界什么人最痛苦?

整天跟这个比跟那个比的人。

比来比去，都是痛苦。大海纵然辽阔，海的尽头还有一片更宽广的天际，所以如果要较量，就和自己的内心较量。这个世界上只有一个对手——那就是我们自己，自己才是那座难于逾越的最高山峰。

这个世界上你只有一个敌人，不是你的情敌，不是你的同行，不是你的仇人，是你。

很多人都听过这个说法，很多人也都相信这个说法。

但事实上真的去挑战了自己战胜了自己的人却寥寥无几。

所以，成功的人依然是人类中的奢侈品，稀有珍贵。

到底如何战胜自己，怎样超越自我?

其实，克服种种缺点，超越自身的缺陷，就是战胜了自己。

自己之所以是自己的敌人，是因为那些弊病、那些陋习、那些做法、那

些想法会害了自己，让自己失败落魄。

你戒了烟，你不再玩游戏，你不撒谎了，你不骗人了，你不做假广告了，你不用地沟油了，你不假公济私了，你不收礼了，你不嫖娼了，你不专权了，你不欺负人了，你不说脏话了，你不恨父母了，你从平时一本书都不看到开始每天看书，这就是战胜了自己，这就是超越了自己。

大多数人不成功是因为大多数人成了自己的俘虏，不知道怎么坚持做一个健康美好的人。

人的一生谁害你都没有你害自己多。

谁欺骗你都没有你自己欺骗自己狠。

谁改变你都没有你自己改变自己快。

谁佩服你都没有你自己佩服自己爽。

所以，就有了这样的理念：如果你是策划家，就宣告你就是最好的策划家。

然后再来具体想想最好的策划家应该是一个什么样的状态，他应该做什么，他应该如何思考问题，他应该怎么谈客户，他应该有什么样的理念，他应该有多高的高度，他应该对市场有多了解，他应该有多明白人性，他应该多会讲故事，他应该有多真实，他应该有多优雅，他应该从事过多少行业，他应该有多惊世骇俗，他应该有多完美主义，他应该有多空灵，他的夜生活组成应该是什么样子，他的周末应该怎样过，他应该拥有怎样与众不同的家，他应该看什么书，他应该看哪些电影，他应该第一时间拥有什么潮品，他应该怎样穿衣服，他应该去过多少个国家，他应该写过几本书，他应该有几个家喻户晓的案例，他应该有多会享受孤独，他一个人的时间有多长，他应该多有激情。

这些你都想清楚了，想彻底了，接下来，你不觉得一切又都要靠你自己了吗?

你给了自己一个承诺，你给了自己一个定位，你要为此付出一切，你不能说大话不做事，你不能骗自己一辈子，你也不可能一直骗你的老板，你更不可能一直骗你的妻子。

如果你宣告自己就是最好的策划家，你就会成为最好的策划家。

如果你真是一个可以成为策划家的人，你就应该明白我的意思。

如果你真是一个策划家，你就不会让自己的人生被人策划。

到底什么样的人才是很牛的广告人

有个同事在昨天的公司例会上尖锐地批评了我。

我一下子很高兴。

为能有这么直言不讳的同事而自豪。

尽管我差点吃不消。

同事说："我当初就是看你的博客来的公司，看你的博客第一印象就是你很有侠义精神，你做了很多公益的事情，你做这些事情甚至都与你的定位发生了冲突，你很有想法，但从你的博客上并看不出你是一个很牛的广告人，你写的很多文章企业不会看，你看叶茂中、李光斗他们的博客，他们写的东西基本上是为了给企业家看的，他们会分析很多品牌的营销策略，企业家看了他们写的东西受到启发觉得有道理，也许就会找他们做个品牌诊断什么的，但看你的博客只会觉得你很有爱心，并不知道你能帮他们做什么，你的文章理论体系不强，逻辑性不够，你应该加强专业文章的撰写。"

他真的刺激到了我，听了他的话，我回到房间把门关上，开始反思。

我觉得他真的说了很对很真的话，我是有点不务正业了，尤其是我创办民间流动图书馆，我在博客上写了太多关于民间流动图书馆的文章，我写了太多关于促动年轻人行动起来改变自己的文章，写了太多逻辑不清，让很多读者看不懂的"想法"，关于广告，关于营销，关于品牌，关于策划，我越来越着墨不多，我必须承认，就是我写了一些给企业家看的文章恐怕也不太适合企业家们的胃口，他们会觉得我写的东西有点犀利，有点小感性，不专业，欠缺理论，不够具体，不够深入，很少涉及营销细节，没有完整呈现策划始末。这是我的不足，我必须立刻弥补和改正。

但最让我接受不了的是同事说看我的博客看不出我是一个很牛的广告人。

到底什么样的人才是一个很牛的广告人?

是那些每天都在设计那些所谓很有创意很有突破却执行不了的稿子的广告人?

是那些每天追求生活品质酒吧坐坐红酒喝喝雪茄抽抽文案写写的广告人?

是那些每天都在晒国外旅行照片，貌似国际化的办公室景象，奇装异服打扮，戴个大眼镜，留一撮小胡子，张口闭口冒几个英文单词，中不中洋不洋的4A广告人?

是那些只知道为客户做策划做创意不知道广告的首要条件是对人有益的“夜猫子”广告人?

是那些总在批评他人作品，到处当评委，自己却没有为中国广告的创意水平低下而有过任何担当的广告人?

还是那些通过“培训忽悠”、“助纣为虐”成为所谓业内大佬的广告人?

如果是他们，就讨厌死了，我的生存之本，我的人生追求，就是坚决不与他们为伍，我崛起和上升的方法就是每天都跟自己说千万不要成为他们那样的人，太土了，太狭隘了，表面上很风光，很多年轻人都羡慕他们，都会成为他们的粉丝，其实，他们为让这个世界变得更加美好和温暖做过什么，为了让中国变得更加文明强盛又做过什么，他们有几个人知道广告是美好这个世界的最好工具，他们有几个人利用广告帮过这个社会，救过需要拯救的灵魂，助过艰难度日的人们，拉过那些山里读不上书的孩子，刺痛过贪官污吏，呐喊过正义，打击过坏人，他们有几个人认同和理解“策划造福人类，创意改变世界”的内涵和精神，他们有几个人不觉得我是一个傻子——不一心一意把广告公司办好，把策划做好，发展更多客户，挣更多的钱，天天谈什么阅读改变命运，号召什么“人人看书，人人传书，人人赠书，人人爱书”，书香中国建设与我有关系吗?

他们更不知道其实中国广告需要革命，中国企业需要革命，中国策划需要革命，中国营销需要革命。

他们也不会认同“公益广告”、“公益企业”、“公益策划”、“公益营销”的推广和发展就是一条崭新的革命之路。

若他们就是很牛的广告人。

我愿做最不牛最不牛的广告人。

依然怀爱做事。

固执己见。

难道一个策划人就不应该做公益了吗

今夜，我很伤心。

伤心这个时代总有一些心胸狭隘的人想尽办法去伤害一些有点理想主义的实践者和付出者。

很多人看到我开的中国首家免费赠书的图书馆——民间流动图书馆，不去想我们多么不容易，要花多少钱，要用多少心，多么利国利民，多么功德无量，多么应该感谢有这样一个地方的存在，不想我们在为促进“人人看书，人人传书，人人赠书，人人爱书”做出的特别贡献，不去想看书的人多了，这个世界温暖就多了，不想怎么支持我们帮助我们，怎么模仿复制我们的“与其藏书在家不如赠书于民”的理念，不想自己也可以把家里的藏书拿出来跟大家分享，不想自己为什么做不到这么彻底的无私，不想为什么自己不也去开一家“民间流动图书馆”。

而是去想这个徐大伟到底是做策划的，到底是一个广告人，真会给自己做广告，真会沽名钓誉，这个徐大伟一定是想出名想疯了，竟然做出了这样的事情。

其实，你怎么能是这样一个人呢？若是因为我做了中国第一个“赠书馆”而出名，又有什么错呢？我出名，是因为根本就没有人去这么做，偌大的中国，我们的小院只有40平，我不知道一个13亿人的大国，一个全世界疯狂抢购奢侈品的国家，为什么就有一个徐大伟在北京开了这么一个寒酸的"赠书馆"，为什么那么多的有权有势有钱的人都在吃喝玩乐，关上门只顾自己老婆孩子，一个从最底层通过阅读改变命运一路拼命走来的创业者、策划人做了一件这么有意义有价值的事情却引来如此多的非议呢？

难道一个策划人就不应该做公益了吗？难道凡是一个策划人做公益就是为了想策划出名吗？我一直不明白一个企业家做公益，大家都说好，一个策划人做公益却为什么会被说成自我炒作？难道判断一个事情是不是公益的不应该是考量他做的事情本身吗，怎么可能只看他的身份呢？

在我看来一个策划人不正应该多做公益吗？他们有胆略有智慧有创意，敢想敢干敢说，不是会把公益做得更有突破更别具一格吗？这个世界不就是最缺"公益策划"吗？我们的一个又一个企业出问题了不就是因为他们缺少一颗"公益的心"吗？公益不就需要更好的创意来扩大影响和达成目的吗？"民间流动图书馆"不就是我的一个为了促进更多人懂得阅读的价值，促动更多的人通过阅读改变人生的公益创意吗？不是我第一次在这个世界创造出了"赠书馆"的概念吗？不是我第一次把全世界所有的传统图书馆旧有的"借"和"还"的理念，改成了"赠"和"传"的理念了吗？不是我给全人类做出了一个"赠书馆"的样板和模式供更多人来复制和模仿吗？不是我在天天讲"家家都是民间流动图书馆，人人都是图书管理员"，每个人都应该将书传下去，让爱传出去吗？不是我给全世界图书馆探索出了一个"好书就应该免费赠阅，民间流动"的独特形态吗？不是通过我的公益赠书和阅读成就自我的故事正在改变和已经改变了很多人的命运和行为了吗？不是只有我一个人天天都在赠书吗？全天下你还听说还有第二个个人出资一年365天不关门的"赠书馆"吗？

难道我做了这么多，你还在想我是为了出名才这么做的，若是做好事就能让人出名，你为什么不去做？难道一个人因为做了一件有影响力的事而变成了一个有影响力的人有什么不对吗？若免费赠书就能让你的客户大增，你为什么不去做？若你嫉妒我想到了这么一个好创意，你为什么不也去想一个，去做一件让世界为之惊叹给世人巨大力量的大好事呢？甚至你为什么不也去马上开一家免费赠书的图书馆跟我竞争呢？

其实，大部分的同志你连质疑我的资格都没有，因为你没有做到，你连一本书都没有捐出来过，更不用说三万六千本。你有把你认为的好书主动拿出来给陌生人分享吗？陌生人你做不到，亲戚朋友恐怕你也不想让他们看到吧？你本质就是一个自私的人，你就怕人家出名，就怕别人比你好，遇到好人好事不是赶紧见贤思齐，主动学习和支持，而是千方百计地怀疑人家，总在猜测人家的目的。我说我赠书的目的就是为了让正在越变越愚蠢和世俗的中国人多看几本书，提高一点素质，不要再这么麻木不仁落井下石见利忘义见死不救，不要自己什么也没做，却又好像很了不起的样子来怀疑正在身体力行促进社会进步和世界改变的真行者，不要认为继续质疑我，故意不宣传我，特意为难我，就会阻碍我，其实，这样想的人太不了解我了，你们宣传不宣传我们图书馆我们照样每天都在纯公益全免费地赠书，你们相信不相信我们，我们每天都在国子监街官书院胡同里开门迎客，我从创办“民间流动图书馆”的那一天开始，就从来没打算要关掉这个目前依然是世界唯一的孤苦伶仃的“赠书馆”，不但我这一辈子不会让她关门，我也不会让我的儿子将她关门，乃至我的孙子，我孙子的孙子都不会关，这个“民间流动图书馆”将成为我们世代的伟大事业，公司可以关门，但图书馆不会，你不信，也不想让你信。

若是你真有本事，你应该去质疑那些贪官污吏那些早有能力也早就应该回报社会却什么也没有做的人，你有本事你去质疑那些占着位置却不为民做事的人。

你真有本事，就请你到民间流动图书馆带本书回家看，节后回京接着干。

策划公司到底能帮企业做什么

一、品牌战略规划：品牌战略评估及分析、品牌定位、品牌命名、品牌形象、品牌阶段性发展规划。

二、品牌表现规划与执行：品牌 VI 系统设计、品牌广告语、品牌核心形象、品牌表现辅助形象、品牌表现应用规划、品牌终端展示与创意系统、品牌形象平面广告创意、品牌 TVC 创意。

三、产品创意表现：产品概念提炼、产品包装设计、产品说明书设计、产品手册创意与设计、单张、折页创意与设计。

四、营销策划：商业模式制定、渠道规划、终端推广问题解决、终端 VI 设计、产品上市方案与协助执行、全国招商大会策划与协助执行、终端建设规范、年度推广计划。

五、广告促销：各类影视广告、各类平面广告、各类终端物料、各类促销活动策划、媒介传播建议、公关事件策划、品牌形象代言人选择。

六、网络营销与传播：网络营销整体推广方案、网站平面设计、网络 ERP 推广方案、网络事件营销。

找策划公司指南

一、不要找太大的，不要找太小的。太大的店大欺客，核心团队忙不过来，顾不上你；太小的，整体创作实力不强，人力不够，临时组团队，服务质量不稳定。

二、首先要看策划公司的高度和深度，然后是策划力、突破力、执行力，再看创意表现部分，方向不对，坐上飞机更麻烦。

三、详细了解这个策划公司的成功案例，一定要确认真的是他们做过的，不是他们瞎编的。

四、一定要看准策划公司的领军人，公司文化即公司带头人文化，策划公司首先策划企业家，若他们的领军人的视野不够宽大，思维不够自由，想法不够脱俗，说话不够一针见血，为人不够诚恳，缺乏激情，人情淡薄，最好是赶紧离开。

五、一定要让策划公司的人说说他们的初步想法，他们的第一印象，他们的策划直觉，从这些说法中就能听出他们的能量和空间大小了。其实，一开口，就不同，才是大策划家的修为。

六、最好是找有一定知名度的策划公司，因为先策划好自己，才能帮助别人，一个无名的策划公司，只能证明他们的营销意识弱，策划能力差。

七、一定要找那些有自己鲜明的风格和原则的策划公司，也许他们坚持的部分，才是你真正值得花钱购买的部分，才体现了他们的最大价值。

八、签协议之前什么都答应你的策划公司，千万不要签，签了准后悔。反而要签那些坚持底价和底限没有任何商量余地的策划公司。

九、首选本土策划公司，国际广告公司通常是策略不足，创意有余，他们的国际套路经常会让你走入不再可控的区域。

十、千万不要找那些推出各种“服务套餐”的策划公司，不要贪图便宜，上当受骗，策划不可能是流水线上的通用产品，只能是精心创造量身定制的专属佳品。

聘请外脑到底是“花钱”还是“赚钱”

在北京的胡同里流连。

一个人慢慢体味首都的秋意。

也许是初冬的情致。

季节都是假的。

感受才是真的。

有的人在隆隆冬日里却过得热火朝天汗流浃背，有的人心却冰冷如铁。

在一个胡同口遇到一个爷爷和孙子。

爷爷跟孙子说：“带着你，可以坐车不花钱，我们做16路然后再倒49路。”

孩子不说话，只是跑。

这就是平淡的京城生活，看着他们，心里想，但愿等我老了不要这样算着过日子，算得那么细，但愿我能过得从容而尽量快乐。

冬天刚一到。

很多人好像就有点泄气的样子。

一个给我们送书的货车司机笑着跟我说：“现在生意都不好做，你还免费赠书啊，先给我多赠二十元车费吧。”

我笑答：“你应该免费给我们拉书才对啊，一起做公益事业啊。”

他说：“算了，没有你大老板有钱啊，我们要养家糊口啊。”

我笑。

这也是人生，很多人都在随波逐流起哄跟风，都说现在生意不好做。听谁说的，谁的生意不好做？

我一直反对这样自我安慰的说法，好像天下的生意都不好做，所以自己的生意也不好做，好像天就要塌下来，好像自己生意不好做真的是大环境造成的，是共性，不是因为个人的能力有问题，因为自己的经营智慧不够，好像真的找到了一个无懈可击的生意不好做的理由。

其实，哪个时代不是有的人生意做得好，有的人生意倒闭，每个行业，每个企业不都是如此？

让我说就你生意不好做，人家做得都不错，你不能做什么事情都往下看往下比，你为什么不向上看向上比，你为什么不跟你的昨天比，跟你的去年比，你今天今年有进步吗？你还是住在那个小小的房子里吗？你还是看着那台笨重的电视机吗？你的手机还是那些铃声吵死人的山寨手机吗？

跟你目前遇到的问题相比，五年前的问题微不足道，而不出五年，今天的问题又会显得无足轻重。

所以，你不要纠缠在目前的问题当中，你要想办法解决目前的问题，人的能力当然有差别，有的人能量大，有的人能量小，若你目前还没有智慧解决自己的问题，为什么不请人帮助呢？

为什么不请一个专业的“外脑公司”来助力你的发展呢？

也许你会说找一个策划顾问公司帮忙当然好，但是要花钱啊，少则几十万，多则几百万啊，我们还是自己多想想办法吧。

因为这个想法，所以你继续任凭公司每天都在亏损，一个月赔几万，每月招待费几十万，开一瓶酒几千，可就是不舍得花点钱请人帮忙。

你总是以为找外脑是花钱，其实，找外脑是在赚钱，为了解决问题更好地发展而请的外脑，怎么是花钱呢，这不就像一个人得病了去找医生请专家看病一样吗，你为什么知道自己不舒服的时候需要吃药看医生，而自己的企业在长时间遇到困难艰难度日的时候却不知道去请专家帮忙呢？

你当然可以说一旦碰到庸医怎么办，这个钱不就白花了吗？

是啊，所以选外脑就像选医院一样，怎么也得找一些口碑好的著名的医院才踏实。

名医院里也会有差医生，但我想这样的医生总不会太多吧，你碰到名医的机会还是很大。

你知道每年都做几次体检，可你想过给自己的企业和生意做个体检吗?

有病治病，这不是钱不钱的事。

身体坏了，本钱没了，还谈什么发展说什么未来。

每天都在乱花钱不知道哪头轻哪头重的你，会听进我的这些话吗?

听不进去也没关系，请慢慢体味你的真心。

每件事就好比是煮蛋，只要有了煮蛋所需的适当条件，蛋就会煮熟。

“用心有才，能想会做”的策划公司太少了

走在人群中。

你的表情可以不屑一顾。

可以是冷美人。

可以是酷男孩。

什么都可以。

但是你不想埋没在人群中，你在想象，你有企图。

人潮汹涌，你被无数的人和事推着急促而行。

尽管那不是你想要的。

尽管你在一个二级城市有一万个不甘心。

尽管你想明天就辞职进京。

但你最终还是放弃了。

不知道这一刻这一条街上有多少个放弃的人。

看着很多人，我泪流满面。

我做什么才能让那些人坚持做好人坚持自己的梦想?

我做什么才能切切实实地帮到亲爱的同胞?

坐在这里，又有了另一个担心和忧虑。

下午与公司金融项目组总监通电话，我说:“接触的企业越多，认识的策划人和策划公司越多，我越发现我们有一个优势，这个优势就是八个字:用心有才，能想会做。现在大多数的策划公司不是有才不用心，就是用心没

有才，再不就是能想不会做，会做不能想。若我们能够真正做到用心有才，能想会做，我们的未来不可限量，我们每一个人都能脱胎换骨享受成功，客观地说我们是一个有才，又能想会做的公司，现在就看我们的用心程度和投入状态了，只要我们每一天每一项都能全心投入，都能真实地为客户着想为消费者着想，都能让他们感受到我们的爱与付出，我们总有回报，这个那个客户都会顺利达成协议，先舍后得，多舍多得。所以你们要多费心多辛苦了。知道怎么能成功，能不能成功就决定在我们是不是名副其实的人，拜托项目组全体同事，为了我们的策划造福人类，创意改变世界的梦想奋力前进。”

同事很激动，连声说一定。

挂了同事的电话。

我发现我想说的话还有很多，我发现最近一说到策划我总是一套一套的。

多用心多有才，多能想多会做才能成为伟大的策划公司呢?

所以，我们还要落实三实：真实、扎实、夯实。

真实地面对一切，扎实地做好每一件事情，夯实我们的突破和创新。

我们还需要三度：高度、准度、精度。

刚刚从广州回来，突然有了这样的想法，说出来恐怕要让广州人骂与敌视。

但又能如何呢?

真实，是我的首要法则。

我发现广州人和常住广州的人最多能考虑到整个华南的事，更多的人只是说他的区，他的街道，他的公司，他的家，他们很少能看到整个中国，因为地理位置他们更少会有从广州看全国的视野，更多的人都是表情优越的本地人，心没有那么大，高度没有那么高，眼界没有那么开阔，情怀没有那么宽广。

所以，品位决定地位，高度决定结果，有了高度，加上准度和精度，自然能够给予客户喜悦。

企业的一生和人的一生一样，都有三个层次：大部分的人和企业都是流星，一晃而过，少数的人和企业经过长期的不懈努力战战兢兢如履薄冰成为恒星，只有极少极少的人和企业最后才能成为万人瞩目的明星，启明人类，卓尔不群。

龙年大干一场

今天是龙年上班的第一天，路上依然不堵，电梯里的人也不多。

很多人都不愿意上班，都觉得能晚上一天算一天，不出十五这个年还没过完呢。

他们不知道今天对于龙年的重要性，不知道这一天是这一年的“总策划”、“总指挥”。

计划好这一天，就是计划好这一年。

古今中外，人世人间哪一个有成就的人是懒惰的人，是散漫的人，是得过且过的人？没有。

一早起来，我内心就有一股巨大的力量在涌动，好像会把我的心冲破，带我飞起来。

我知道我的激情又来了。

龙年我要大干一场。这几天一直在这么想。

我的激情让我浑身是劲，不可抵挡。

策划是人生，公益是生活。

我这一生就是要用智慧和创意来改变自己的人生，改变他人的人生，改变这个世界，我要策划企业，策划政府，策划领导，策划国家，策划非洲，策划青年，策划老年，策划政策，策划福祉，策划公益，策划商人，策划媒体，策划道德，策划就是我的人生，策划就是我的使命。

公益就是生活，在这一年里我要竭尽全力地去做到“诸恶莫作，众善奉行”，让自己进一步干净纯净起来，少说多做，继续坚定民间流动图书馆做大做广的决心，真正做到“身体力行，言传身教”，给全世界全社会做出一个“人人看书，人人传书，人人赠书，人人爱书”的赠书馆样板店来，启发更多人参与，促动更多人行动，让我们离“书香中国，书香地球”的梦想更近。让自己成为一个真正的“公益人”，无论对谁，无论是客户，无论是同事，无论是路人，无论是读者；无论是网友，无论是谁，都要做到“满心是爱，全心付出”。

龙年大干一场，我要：换心，换人，换思。

祛除浮躁，静心做事。

过去的一年，我的心并不静，有时候很莽撞，有时候很急躁，做错了不少事，耽误了不少良机，伤了不少人的心，误解了很多意思，今年的开头，就给自己八个字：祛除浮躁，静心做事。

人安静了，就有智慧，人智慧了，就有出路。

龙年不再追求轰轰烈烈，人人皆知，龙年我要安安静静，精耕细作。

龙年我要重新出发，加强向实践学习，向大众学习，向同行学习，向客户学习，向书本学习，向国际学习。查找差距，努力补课，“5+2”、“白加黑”也要经常使用。

天下之本在国，国之本在家，家之本在身。

公司和图书馆能不能做好，其实全看我这个人能不能做好，甚至给客户的策划能不能做好，还是要看我这个人做得怎么样，所以做好“大伟”，才能谈得上“伟大”，一切都要从修身正心开始。

在这一年里难免会有起起落落好好坏坏，最重要的是，心态要好，只做不求，只给不要，任其潮涨潮落，风云变幻，还是要一意孤行，越挫越勇，绝不灰心，绝不放弃。

说实话，我一直对我的同事们过于客气过于容忍了，我的失职正在拖累我们的事业，没想到现在的人越惯只能越坏，不是感谢我对他们的包容，而是继续扩张他们的毛病，从今天开始，我要做一个严厉强势的领头人，该换人换人，该重用重用，该奖奖，该罚罚，立刻执行，绝不妥协。

人的一生无非就是“对症下药”而已。

最快的脚步不是跨越，而是继续；最慢的脚步不是缓慢，而是徘徊；最好的道路不是大道，而是坦荡；最险的路不是陡坡，而是陷阱；最大的幸福不是得到，而是拥有；最好的财富不是金钱，而是健康；最棒的祝福不是将来，而是现在。

最重要的不是明天，而是此刻。

好公司就像动车，每一个环节都有动力

文章怎样写才有味道?

就是你写的时候，一定要有一份心情在其中。

什么样的人最有魅力?

做人的全过程中都有一颗美好的心的人最有魅力。

每年一到这个时候，大部分人都慌了，大多数的公司都乱了。

忙着买票，忙着购物，忙着计算过年的时间，忙着吃喝玩乐的计划。

成功的人其实成功在他们有一个让他们成功的习惯和理念。

他们不会有跟平凡人一样的活法，连他们的思考方式也跟大多数人不同。

一个小不同一个小差异不断地积累，让他们成为了另一个人，一个偶像，一个英雄。

突然，很多人都迷茫，他是怎么成为那样的一个人呢？他不就是我的同学，我的邻居，我同事的孩子吗?

一个人如果遵照他的内心去活着，他要么成为一个疯子，要么成为一个传奇。

只可惜，这个世界疯子少，传奇更少。

大部分的人都遵照着约定俗成遵照着家长同事朋友的标准遵照着媒体引导活着。

一个艺术大师曾经说过:“若你的父母满意你的作品，那就是废品。”

上午去给图书管理员开会，主要跟她们谈了三点：一是上网查一下，也可以去买一本书，看一下一个图书管理员应该具备什么样的素质，应该做哪些事情，然后去自我提升，做到名副其实；二是你们不是在为谁打工，为谁干，我把你们当成小妹妹，你们要知道你们是在帮助哥哥干，你们正在从事着世界上最幸福的工作，作为中国首家纯公益全免费赠书的图书馆的图书管理员，你们不感到自豪和荣耀吗？你们要有一个主人翁的态度，不能让这个图书馆大大小小的事情掉在地上，什么事情都应该有人管，没有你不应该管的事情，这个图书馆的所有事情你都有责任去完善去处理，需要发挥你们的主动性，你主动工作，我主动加工资，表面上你糊弄我，实际上你是在糊弄自己，因为我看你们一眼，我在这里呆上一个小时，我就知道你在想什么你在做什么，你是不是值得信任和重用，你把这里当成你的家，你爱这个小院，你爱你的工作，你爱读者，这里就永远都是你的，你就是这里的主人；第三是你们要成为一个学习者、阅读者，你们不是简单的一个赠书登记员，若是那样我就不需要请你们俩，一个研究生，一个本科生，只是做一个赠书登记员，一个初中生就能胜任，我是希望你们每天都能多动脑子，想着法子让这个图书馆更舒适更漂亮，影响力更大，知名度更高，读者更多，所以，首先你们要爱看书爱学习，你们工作之余有很多的空闲时间，你们坐拥书屋，却一本书都不看，怎么算是一个优秀的图书管理员呢？

回到公司，主要谈了一个观点：在人心惶惶的年底，希望每一个同事都能以身作则名副其实，做你该做的事情，做好你该做好的工作，收心向学，积极主动，临近年节的时候还能有条不紊全心投入工作的公司才是好公司，你们一定都知道动车之所以速度快，打破了传统火车的概念，是因为它的动力分布在各个车厢，传统的火车只能依靠火车头的牵引，动车却不同，每一节车厢单独都有自己的动力，一节促动一节，这不就像一个公司一样吗？只靠火车头——公司领导人的带动，这个火车一定跑不快，一定会被市场所淘汰，相反，若一个公司每一个环节的人都能发挥主动性，都能全力以赴，不让任何一个地方出问题出纰漏，这个公司的发展速度一定惊人，这样的公司一定能在激烈的竞争中勇立潮头。

人的一生最应该在意的其实是自己做事是否竭尽了全力。

一个公司也一样。

最应该在意的是是否竭尽全力激发了每一个同事的潜力，是否竭尽全力提升了每一个岗位的能力。

用最好的人，做最好的作品，决不妥协

一个随处能看到正在肆无忌惮玩耍的年轻人的发展中国家，不知道这个国家还要发展多久呢？

三天假，玩个净光的年轻人会有多少呢？

看着这些围在一起玩“僵尸”的小朋友，你知道我在想什么吗？

我在想，中国指望不上他们，中国还能指望上谁呢？

所以我只能在自己可以掌握的范围里，指望自己的意志和坚强的团队。

一个男人，一个人流泪的时候越多，越有思想。

我一直都情愿做这样的男人。

伤感会扩大你的视野，增加你的慈悲，会让你更加清晰地知道你现在在哪里，你在做什么。

该我担当的责任不能指望他人担当，这是我的人生信条。

三天假，我去了民间流动图书馆两次。

让我不高兴的是，两次去，都碰上了图书管理员迟到。

我就在图书馆里等着他们。

他们到了。我直言不讳：“你迟到了。干什么像什么，既然你是一个图书管理员，知不知道图书管理员应该做什么，不知道，有没有去网上查一下，从今天开始，坚决不允许迟到早退，有事必须跟我亲自请假，这是最后一次，我只说一遍，接下来看你表现。今后‘说一遍，看表现’要逐步成为

我们的管理文化，不说第二遍，不给第二次面子。”

他们说：“知道了，徐总，今后一定不迟到。”

三个图书管理员，两个经常迟到，还有一个经常以为我不知道，偷偷早退。

他们哪里知道一个真正把心思放在自己事业上的老板，去不去单位，都知道每一个人在做什么，谁在偷懒，谁在耍滑，谁在假公济私，谁在敷衍了事，谁在私心杂念，谁在消极怠工，谁在尽心尽力，谁在替我分忧，我都一清二楚，看一眼，就什么都明白。

所以，我想让同事们知道，他们有一个聪明的老板，我们需要一些智慧而真心实意真学实干的同事。

我还曾经跟所有的同事说过一句话：你心不在公司，我一定会让你的人也不在公司。

也许有同事会想我太狠了。

其实，在人生的长河中，每一天一睁眼不就是要面对困难，活着不就是解决问题吗？

很多公司都在担心业务问题，都在为销售额下降而焦虑。

一个日本的300年老店的老板却说：“只要贯彻质量第一的精神，无须宣传，顾客也会自动找上门来。”

这让我一下子有了通透的感觉。

我们公司怎么能成为名副其实的中国一流营销策划公司，怎么“小而强”、“富而美”？

我想这个问题的答案很简单，就是做到并且坚持“用最好的人，做最好的作品，决不妥协”就行了，这样我们就永远不用发愁客户数量的问题了，他们会自动找上门来。

但是，怎么能做到“用最好的人，做最好的作品，决不妥协”呢。

我想要从我做起，今后无论是哪个组做的东西，都要在给客户提报之前先发给我过目，我会自我提高，调高标准，以国内顶级策划公司的作业标准要求大家，对达不到标准和偷工减料的作品，表表面面的方案和东凑西拼的创意，坚决打回去重做。若还做不出让人眼前一亮的作品，总是没有突破的想法，那就说明我们的团队成员能力有问题态度有问题，必须换人，总之，用最好的人，做最好的作品，决不妥协，将成为我们公司的立业之本和百年大计。

好老板＋好员工＝好公司。

没有好员工，说明没有好老板。

没有好公司，说明没有好老板好员工。

品质策划，品德执行

远大集团总裁张跃举起酒杯说：“大伟，你们很有想法，做得不错，我喜欢执行力强的人。”

我赶紧说：“学习远大，超越远大，当仁不让，一定尽力。”

大家笑。

张跃总裁的一句话一下子提醒了我。

执行力。我算是一个执行力强的人吗？我们的团队算是一个执行力强的团队吗？

一个人的座谈会开始了。

桌子前有美肴，美人，美酒。

脑子里装满着自我反省，自我励志，自我提升，自我坚强。

每一天一睁开眼，我想着第一件事情就是现在几点了，周一到周五若是超过了八点起床，周六周日若是超过了九点四十五分起床，我就会一天不舒服，感觉浪费了时光，对不起人生。每天早晨都在想，怎么过这一天，怎么才能让这一天过得健康充实，愉悦幸福。

每天这样想着，你会发现你做的事都是“正确的事”。

今天正确，明天正确，未来就正确。

正确的结果就是功成名就，尽享人生。

这个世界上最难的是什么？最难的是服务客户。

今天客户说你们做得不错，喜欢执行力强的人。

也许，明天又会说你们的进度慢了，你们对那个事情的理解不够，做的研究不够深入，没有体现出你们公司的水平。

这就是问题所在，让客户长久地说你们好，对你们满意，这是世界上最难最难的事情。

没有办法，我只能每天都提醒同事，永远不要忘记了我们的独特能力，每到一个行业，每接一个客户，都要创造性地“开天辟地，重新想象”，永远牢记在服务客户的所有环节中都要发挥三创——“创新、创意、创造”的力量，不能忘记彰显东方智慧、西方哲学，看清事物的本质，洞察人类共同性向，发掘消费者内心世界，更不能忘记了我们的价值观和使命——“从大伟走向伟大”、“策划造福人类，创意改变世界”，时刻记住公司的品格——“良心作业，情义合作”，不能把公司作业标准“北京高度，首都品质”只当成一句口号，这个世界最可怜的人是什么人？就是那些说起来一套一套的，做起来却除了逃就是淘的人。

面对现实，感受真实。

我们有多少同事真的做到了上面我说的那些了呢？

我们的策划中有多少体现了上面说的那样了呢？

有了那些就可以了吗？

不行，我想还要补充，我这两天又想了八个字：品质策划，品德执行。

我要在全公司推行“品质策划”，中国是一个粗糙的国家，有粗糙的企业，粗糙的营销，粗糙的产品，粗糙的管理，粗糙的领导，粗糙的执行，粗糙的城市，中国最需要“品质”，向中国“卖品质”是一个具有智慧的人才能看到的大商机。

既然如此，我们就要开启“品质策划”的新历程，创造新生事物，颠覆世俗，是我最喜欢做的事情。

品质策划，一是说为推动中国品质发展，推动中国品质政府、品质企业、品质制造、品质产品、品质营销、品质服务而策划；二是策划本身也需要“品质策划”，从本质上提高策划的品位和质地。

品德执行，一是说一定要执行有道德的策划和营销；二是说执行本身也应该是有道德的。

策划和创意是一个被人类大大低估了的“创世利器”，越做策划越让我明白，如果通过我们的策划和创意能让一个企业发生变化，我们就可以改变世界。

顶天立地、利国利民、想全做透、精工细磨——我是这样做策划的

长久以来，总是很热心地想要告诉更多的人什么是策划，策划有什么用，策划能给人与世界带来什么。

长久以来，策划在中国一直都没有得到应该得到的重视，没有发挥更多的作用，没有体现本有的价值和意义。

我一直都有一个梦想，希望全世界的所有国家都能设立一个“国家策划部”，都能至少有一所“策划学院”，都能达成“万物皆产品，万事需策划”的共识，像正在逐步重视环保一样地慢慢重视策划。其实策划能够改变一切，策划能够美好所有，只是大部分的人还不知道策划的力量和怎么策划。

我一下子也说不彻底。

因为，我也是一个世界策划的新手。

凡自高的，必降为卑；凡自卑的，必升为高。

你不要只看重结果，忽略过程，事实上我们一直活在过程中。

每个大学里都会有一大批看不见大环境的古怪家伙。

每条街上都有一群没有大梦想的自以为是者。

人有穷有富，全是因为人心有穷有富。

IBM的创始人托马斯·沃森说过：“我不是天才。我有几点聪明，我只不过就留在这几点里面。”

不知道这几点是不是也算是我的聪明呢？

不能管那么多，但说无妨，只要说出来才知道对你有用没用。

每当我接到一个新案子，接触一个新客户，碰到一个新难题，遇到一个新挑战，我一上来就会从“顶天立地”开始想起，我会一下子想到顶，到了中国的顶，还要到世界的顶，人类的顶。也许你被我说糊涂了，其实你可以随便说一个问题，我都会从高到低，从大往小去想，比如，你说怎么营销这款SUV车，我第一时间就会想，这车是什么车，SUV的存在价值是什么，它对人的意义是什么，这些价值和意义是不是早过期了，是不是车的使命需要新换了，是不是我们没有懂得人与车的全新关系，是不是小看了车、高看了车主?

这一气想下来，基本顶天了。接下来就要想，刚才想得这么高，说得这么炫，行得通吗，世界会接受吗，人们真的会惊喜吗？我真的遵守了“凡事往简单处想，往认真处行”的原则了吗?

假如，能说服自己。

就继续想，怎么让这款车利国利民呢？这个国不只限于中国，这个民不仅代表中国人民，而是代表全人类。这款车怎么最大程度地美好和提升人们的生活，又最大程度地美丽环境、美妙世界？很多商人都不会这样思考问题，因为他们都把商人简单理解成了赚钱的机器，不知道所有商人都是最直接改变世界造福人类的“公益者”。不知道诚实是最好的战略，更不知道爱才是永续发展的核动力。做不到利国利民的“利己”都是短暂的利己，时间越久，你会越相信我的话。

生物学家朱利安·赫胥黎曾经说过这样一句话：生活无非就是一个接一个的联系。

利国利民的策略和方法有了，接下就要进入另一个联系了，第三个重要环节：想全做透。

沃伦·巴菲特说：“投资就像打棒球，你要让记分牌上的得分增加，就必须盯着球场，而不是盯着记分牌。”

你是汽车经销商，你把车从卖给一个人到这个人开着车开始新生活，到他开着这辆车进入他的社交圈，你想过让你卖给他的这辆车扮演什么角色了吗？它会是一个人人都在谈论的明星吗？它有光彩夺目的风采吗？没有这些，你是不是就不能张口就说你“想全做透”了所有的事情，你怎么可能成为汽车营销行业的佼佼者呢？都在问我该怎么做，其实，无论你正在从事什么行业，“想全做透”所有环节，都是你的成功秘方。

沃伦·巴菲特的挚友、启蒙者、合伙人查理·芒格在他人问及他和巴菲特为什么这么成功的时候，回答道：“我们只是低下头，尽最大的努力去对付顺风和逆风，每隔几年就摘取结果而已。”

棒球打了，头也低下了，我们再来一起谈谈如何“精工细磨”。

产品与产品的差别，人与人的差距，有时候，原因只有一个：“精工细磨”的能力高低和理解深浅。

有的人一生都是一个粗人，毛手毛脚，粗心大意，从来不知道干好一件事情就要配置干好一件事情的精神和精力。

最近我们的一个客户给我留下了深刻印象，他说他们要用 6 ~ 8 年的时间，来精工细磨，以求把这个项目打造成中国世界级的地标项目。当大多数商人都在千方百计急功近利想要 6 ~ 8 个月就见盈利的时候，谁坚持 6 ~ 8 年精工细磨一个项目，谁就会成就一生。

当然，不是每一个事情都需要 6 ~ 8 年的精工细磨，但精工细磨的理念和态度却应该成为你灵魂的一部分，成为提升生命价值和品质的良方。

顶天立地、利国利民、想全做透、精工细磨——我就是这样做策划的。

之所以很多人不知道怎么做策划，不知道如何下手，是因为他们站得太矮，想法太小，思路太窄，做得太差，要求太低，成长太慢，见得太少，学习太松。

直面你的大问题，别把它藏起来，然后一点点开始运用“顶天立地、利国利民、想全做透、精工细磨”的策划四部曲来做策划。

家家都是策划家，人人都是策划人。